# LA
# MORALE DE GEULINCX

DANS SES RAPPORTS AVEC

## LA PHILOSOPHIE DE DESCARTES

THÈSE COMPLÉMENTAIRE

POUR LE DOCTORAT ÈS-LETTRES

présentée à la Faculté des Lettres
de l'Université de Paris,

PAR

**EUGÈNE TERRAILLON**

Professeur chargé de Cours de Philosophie
au Lycée de Carcassonne.

---

PARIS
LIBRAIRIE FÉLIX ALCAN
108, BOULEVARD SAINT-GERMAIN.

—

1912

# LA MORALE DE GEULINCX

DANS SES RAPPORTS AVEC

## LA PHILOSOPHIE DE DESCARTES

# LA
# MORALE DE GEULINCX

DANS SES RAPPORTS AVEC

## LA PHILOSOPHIE DE DESCARTES

### THÈSE COMPLÉMENTAIRE

POUR LE DOCTORAT ÈS-LETTRES

présentée à la Faculté des Lettres
de l'Université de Paris,

PAR

## EUGÈNE TERRAILLON

Professeur chargé de Cours de Philosophie
au Lycée de Carcassonne.

---

PARIS

LIBRAIRIE FÉLIX ALCAN

108, BOULEVARD SAINT-GERMAIN.

—

1912

A Monsieur

Victor DELBOS,
Membre de l'Institut,
Professeur de Philosophie à la Faculté des Lettres
de l'Université de Paris.

*Hommage d'admiration,
témoignage de reconnaissance
et souvenir respectueux
de son ancien élève*
E. Terraillon.

# INTRODUCTION

S'il était nécessaire de prouver par des faits que la vie des penseurs originaux n'est, le plus souvent, qu'une longue suite d'épreuves noblement supportées, on ne pourrait trouver un exemple plus complet et plus décisif que l'existence d'Arnold Geulincx (1). Sans doute, il n'apparaît pas tout d'abord comme un martyr de son amour pour la vérité ; son culte « sérieux et sincère » (2) pour la raison et pour la liberté dans la recherche philosophique, sa verve critique dirigée contre les traditions scolastiques, son adhésion courageuse à la révolution cartésienne n'ont jamais mis directement sa vie en péril : il ne risqua ni la prison ni le bûcher, mais les ressentiments et les colères que son indépendance d'esprit attira sur lui furent vraisemblablement

---

(.) Pour tous les événements de la vie de Geulincx auxquels nous faisons allusion, voir dans le premier appendice (à la fin du volume) un résumé de la carrière de ce philosophe.

Sauf indications contraires, toutes nos notes se réfèrent pour Geulincx à l'édition LAND (1891), pour Descartes à l'édition ADAM et TANNERY.

(2) Sa devise était « *Serio et Candide* ». Elle figure avec les armoiries de Geulincx (de sable au chevron d'argent (ou d'azur), accompagné de deux croissants d'argent affrontés en chef et d'un troisième du même en pointe), sur la page de titre de la première édition de ses *Quaestiones Quodlibeticae* (Anvers 1653).

les causes réelles de ses malheurs et de toutes les difficultés qu'il rencontra sur sa route. De là vinrent les rancunes qui contrarièrent d'abord et brisèrent enfin sa brillante carrière de professeur primaire à Louvain, le mirent dans la nécessité de renoncer pour un temps au mariage d'amour qu'il avait projeté et le forcèrent à résigner sa chaire. Ce furent ces haines de rivaux jaloux ou d'adversaires implacables qui le chassèrent de l'Université et de la ville dont il était l'honneur et la lumière ; et cela par une exécution brusque et secrète, malgré les lettres de maintenue qu'il obtint du Conseil de Brabant, si bien qu'au témoignage de l'éditeur de son *Éthique*, l'anonyme Philarète, (1) « il connut la pauvreté, il lutta longtemps contre elle, au point qu'il n'aurait plus eu qu'à mourir de faim ou à mendier » (2), s'il

---

(1) PHILARETUS est le nom d'un personnage imaginaire que Geulincx, dans le premier traité de son *Éthique*, fait intervenir comme interlocuteur. C'est ce nom qui fut choisi comme pseudonyme par le disciple et ami de Geulincx, le médecin Cornelius BONTEKOË, lorsqu'il entreprit de publier l'*Éthique* complète de son maître. En effet, dans une préface du *Traité des Passions* de Bontekoë, qui, dans une édition postérieure de l'ouvrage de Geulincx (Amsterdam 1695), fait suite à *l'Éthique*, l'éditeur, un certain Flenderus, nous dit : « *Philaretus, primus editor, non est alius quam hic ipse noster Bontekoë* ». Ce Cornelius Bontekoë, de son vrai nom Decker, était étudiant à Leyde, dès 1665 et il s'y passionna pour la philosophie de Descartes. Devenu médecin, il appliqua à son art les théories cartésiennes ; mais il ne se fit guère remarquer que par ses excentricités. Ce fut un homme inquiet et remuant : il ne sut se fixer nulle part. Nous le voyons cependant médecin du Grand Électeur de Brandebourg, à Berlin, où il mourut en 1685. (Voir LAND, *Arnold Geulincx und Seine Philosophie* Haag, Martinus Nijhoff, 1895, p. 85. Victor VANDER HAEGHEN, *Geulincx*, Gand, Ad. Hoste 1886, p. 73, note 4, et p. 193-196 la bibliographie des œuvres philosophiques de Bontekoë).

(2) ... « *rem cum paupertate habuit, cumeaque diu luctatus est, eousque ut tandem fame pereundum, aut honesto viro mendicandum fuisset, nisi tua liberalitas (Heydane) et munificentia cum sustentasset* ». Dédicace de l'*Éthique* à Heydanus, par Philarète, édition de 1685, 16ᵉ page.

n'avait trouvé auprès du célèbre Heydanus (1) une protection généreuse et puissante. Grâce à son influence, ce professeur réputé put lui fournir l'appui moral et les ressources nécessaires pour vivre à Leyde en attendant des temps meilleurs et pour continuer, sur cette terre libre, à répandre ses idées et à enseigner sa doctrine. Mais, à Leyde comme à Louvain, chez les calvinistes dont « vieille recrue » il vient grossir les rangs, comme chez les catholiques qu'il a quittés, parce que sa raison éprise de libre examen ne pouvait supporter leur discipline, il eut à souffrir « non seulement des duretés, mais même des cruautés, les censures l'ont fouetté jusqu'au sang, l'envie des uns l'a mordu, l'impuissance des autres a voulu l'abattre et le détruire » (2). Et, lorsque, après des luttes incessantes, professeur extra-

---

(1) Le ministre calviniste Abraham HEYDANUS, ou Van der Heyden, était le petit-fils du célèbre Gaspard Van der Heyden, l'un des premiers pasteurs protestants en Belgique. Il fut un des principaux soutiens du coccéianisme, explication nouvelle et symbolique des Écritures, dont l'un des buts était de soustraire l'église protestante à l'orthodoxie scolastique. Opposé à la philosophie d'Aristote, il fut un parti an décidé du cartésianisme et, par son influence et son autorité, il contribua puissamment à le répandre en Hollande et, en particulier, dans l'Université de Leyde, où il était professeur de théologie et dont il fut même le recteur en 1662. Ce fut là qu'il favorisa Geulincx de tout son pouvoir et qu'il parvint à lui assurer une modeste situation et surtout la possibilité de professer sa doctrine et de la propager. Après la mort prématurée de Geulincx et la chûte du parti de Witt, en 1672, l'Aristotélisme reprend le dessus, le cartésianisme est banni des universités, au moins dans les chaires de philosophie et de théologie et en 1675, Heydanus, octogénaire, est destitué.

(2) GEULINCX *Ethica*, Tractatus I, Caput II, Sectio II, § 8. Quinta obligatio; (*Opera philos.* éd. J. P. N. Land. III. p. 30); Cf. *Dedicatio Logicae restitutae ad Academiae Lugdunensis Curatores* (I, p. 168) « Reliquum est, ut genibus vestris advolvam se deploratae res meae et succisa fortuna, quae a Lustro jam fere, quo hic versor, praeter malevolorum odia, calumnias, fastidia, contemptum et rabiem nihil sunt... »

ordinaire, très chichement rétribué, il peut enfin enseigner
cette morale, sur laquelle il a si longuement médité et qui
lui tient tant à cœur, au moment où il peut espérer le titre
plus honorable et la chaire mieux rémunérée de professeur
ordinaire, une mort prématurée l'enlève au cours d'une
épidémie mystérieuse : il n'avait que quarante-cinq ans.
Les honneurs posthumes ne lui sont pas même rendus
aussi complètement qu'il convenait à sa fonction et à ses
succès comme professeur. Dans le discours de rentrée de
l'Université, privée de huit de ses maîtres par la violence
du fléau, Heydanus lui consacre bien, comme à ses collègues, quelques mots d'amitié et des éloges attristés. Mais
cette voix n'a pas d'écho ; et la médaille que l'on frappe, en
témoignage du deuil de l'Université, est dédiée à la seule
mémoire des six professeurs ordinaires décédés : Geulincx
n'était que professeur extraordinaire ! Tel était son dénûment que l'Université dut voter un secours à sa veuve ; peu
après, elle avance les fonds pour les obsèques de cette
malheureuse femme et si, comme il semble, des enfants
étaient nés de son mariage, aucun acte public, aucun
document privé ne nous a conservé la trace de leur existence ; on peut conjecturer qu'ils moururent tristement à
peu près en même temps que leur mère, vers la fin de
l'épidémie. C'est donc bien justement que certaines éditions
posthumes des œuvres de Geulincx portent ces mots caractéristiques : « *Post tristia auctoris fata* » (1) et que l'un de
ses plus récents historiens a pu écrire : « On a souvent
déploré le sort de Spinoza, contemporain de Geulincx,
plus jeune que lui ; et cependant Spinoza, vivait où et

---

(1) On trouve ces mots (exactement : « post tristia authoris fata ») déjà
dans l'édition de 1675.

comme il voulait ; habile opticien, il gagnait suffisamment sa vie ; Geulincx était marié, peut-être père de famille et il était à la merci du bon vouloir de ceux, en bien petit nombre, qui savaient l'estimer. Il n'eut jamais en Hollande un cercle d'amis, comme celui que Spinoza sut de bonne heure se créer dans la bourgeoisie indépendante » (1). Son labeur intense et continu semble prouver, il est vrai, qu'il eut la santé ; mais les conditions matérielles de sa vie furent si mauvaises, le calme et la sécurité du lendemain lui manquèrent à un tel point, que l'on est en droit de s'étonner si, dans son existence troublée, malheureuse et d'ailleurs très courte, il a pu trouver le temps de penser avec force et sérénité, d'enseigner avec verve et éclat et de nous laisser une œuvre relativement considérable.

Mais le destin, qui s'est acharné contre lui et qui a voulu que nous ne possédions ni son portrait (2), ni une ligne de son écriture (3), ni un objet lui ayant appartenu, ne lui a pas permis de donner à la plupart de ses traités une forme définitive. De son œuvre, il n'a pu publier lui-même qu'une faible partie et assurément la moins importante, si l'on en excepte toutefois le premier livre de son *Ethique*. Ses ouvrages les plus considérables n'ont été édités que postérieurement à sa mort, d'après ses propres brouillons ou des notes — incorrectes et souvent incomplètes ou obscu-

---

(1) LAND. *Arn. Geulincx u. s. Phil.*, p. 81.
(2) « Le philosophe assis — dans le frontispice de J. Luiken pour l'édition néerlandaise de *l'Ethique* de 1690, (reproduit pour l'édition latine de 1696) — n'est bien qu'une figure allégorique » LAND, *ibid.* p. 83, note 1.
(3) Il nous reste cependant trois signatures de Geulincx sur le registre des actes du Sénat académique de Leyde (vol. X°), l'une à la date du 21 fév. 1667 (fol. 45 v°) ; la seconde, du 6 fév. 1668 (fol. 61 v°) ; la dernière de l'année 1669 (fol 77 r°). (*Op. phil.* LAND, I. p. XVI).

res — prises par ses élèves à ses cours (1). On comprend combien, dans ces conditions, la doctrine de Geulincx risquait d'être dénaturée, inexactement ou imparfaitement présentée. Notre philosophe lui-même reconnaissait que ses paroles improvisées « ne rendaient pas aussi heureusement sa pensée que ce qu'il écrivait à tête reposée pour le soumettre au jugement du public » (2). A plus forte raison, quand les développements du maître ont été déformés et mutilés par les étudiants qui les ont recueillis, devons-nous excuser certaines obscurités, des répétitions, ou même des contradictions apparentes ou superficielles (3). Or, ce sont certainement ces imperfections de la forme et ces indécisions, quant au fond de la pensée, qui ont empêché la philosophie de Geulincx de se présenter à la postérité comme un système suffisamment cohérent et précis. Tant que vécurent ceux qui avaient eu la bonne fortune d'entendre Geulincx, sa renommée ne fit que s'accroître et se répandre ; lorsque, six ans après sa mort, parut pour la première fois l'*Ethique* complète, cet ouvrage fut regardé comme une œuvre de génie et les libraires de Hollande s'empressèrent de publier, « *non sine magno eruditorum*

---

(1) Pour tout ce qui a trait aux éditions des divers ouvrages de Geulincx, voir la bibliographie si complète de Geulincx dans Vander Haeghen, *op. cit.*, p. 197-221, à laquelle renvoie aussi J. P. N. Land.

(2) *Responsio ad Objectiones*, XXIV, (II, p. 166).

(3) Ant. de Reus contemporain de Geulincx, inscrit le 24 avril 1668 sur l'album de l'Université de Leyde comme élève en droit, qui sans doute entendit les leçons de Geulincx et qui plus tard traduisit sa métaphysique en néerlandais, observe que, dans les œuvres posthumes de Geulincx, on ne retrouve ni l'élégance, ni la précision du style, ni l'enchaînement rigoureux et facile des arguments que l'on remarque dans les ouvrages que Geulincx a pu publier de son vivant.

*applausu* » (1), tout ce qui pouvait être avec certitude
attribué à Geulincx. Mais cette gloire posthume fut de
bien courte durée. Dès les premières années du XVIII<sup>e</sup>
siècle, tous les disciples et admirateurs de notre philosophe
ont disparu ou se taisent devant la réaction orangiste.
Ceux qui auraient pu le défendre et propager son enseignement ont eux mêmes perdu leurs chaires. Avant 1701,
Martinus Steyaert, professeur de théologie catholique à
Louvain, puis successivement, en 1710, le jurisconsulte
Thomasius, en 1715, le ministre Charles Tuynman, en 1722,
le théologien Antonius Driessen le dénoncent comme
impie, panthéiste et spinoziste très dangereux pour la
religion et les mœurs. Mais c'est surtout le cartésien Ruardus Andala (2) qui, après s'être montré d'abord favorable
à ses doctrines, travailla ensuite à détruire son système, à
anéantir son influence et à ruiner sa renommée : Pendant
une trentaine d'années, il s'acharne avec une véritable
fureur à démontrer qu'il est un faux cartésien et qu'il
importe à la gloire de Descartes et à l'intérêt de son école
de rompre tout lien de solidarité avec les thèses dangereu-

---

(1) Préface de la 1<sup>re</sup> édition du *Collegium Oratorium*.

(2) Ruardus Andala, (1665-1717) de son vrai nom Ruurd Ruards, né à
Andlahuysen, en Frise (d'où son surnom), fut professeur de philosophie et
de théologie à l'Université de Franeker.

Ses principaux ouvrages philosophiques, dans lesquels il s'occupe de la
philosophie de Geulincx, sont :

Ruardi Andala ... *Dissertationum philosophicarum Pentas*, Franequerae 1712.

Ruardi Andala ... *Examen Ethicae Cl. Geulingii ... Pentas*, Franequerae, 1716.

*Disputatio philosophica* ... quam sub praesidio viri clarissimi D. Ruardi
Andala etc .. Franequerae 1724. Nous parlerons plus loin de *l'Examen* de
l'Ethique de Geulincx.

ses et impies de Geulincx L'on peut affirmer que Ruardus Andala eut le triste honneur de réussir dans son entreprise : il discrédita complètement sa victime. Nul ne répondit sérieusement à ces critiques passionnées, qui avaient du moins le mérite de faire survivre le souvenir de Geulincx. A partir de la mort d'Andala, « le silence se fait peu à peu sur le nom du philosophe anversois, nous dit M. Vander Haeghen, et, pendant de longues années, il n'est guère cité que pour mémoire parmi les pâles satellites de Descartes et de Spinoza » (1). Les « tristes destins » du malheureux Geulincx ont voulu que ce fût un cartésien comme lui qui, par un zèle excessif pour leur doctrine commune, portât à sa gloire le coup fatal, dont elle ne devait jamais se relever.

La postérité, qui assume souvent le rôle de réviser les erreurs des contemporains, n'a pas encore pleinement réhabilité Geulincx. En Allemagne, les historiens de la philosophie, depuis Brücker jusqu'à Kuno-Fischer l'ont, il est vrai, mentionné fréquemment, non sans éloges ; ils lui ont consacré tantôt quelques lignes, tantôt plusieurs pages, inspirées par un esprit de justice ou de bienveillance. Tennemann voit dans Geulincx le plus remarquable des partisans de la philosophie de Descartes, il lui reconnaît le grand mérite d'avoir, le premier, déduit des principes cartésiens la théorie des causes occasionnelles et d'avoir abouti, en morale, à une doctrine plus pure que celles de Malebranche ou de Spinoza et d'une élévation souvent admirable. H. Ritter, qui lui a consacré tout un assez long chapitre dans son *Histoire de la Philosophie*, le met en excellent rang parmi les cartésiens indépendants ; il lui

---

(1) VANDER HAEGHEN, *op. cit.*, p. 186.

attribue, par hypothèse, l'honneur d'avoir inspiré certaines doctrines de Spinoza ; il en fait sur d'autres points un précurseur de Kant, tant au point de vue spéculatif qu'au point de vue moral. La philosophie de Geulincx se maintient presque constamment à l'ordre du jour, en Allemagne, par quelques opuscules sur la vie de Geulincx, sur sa doctrine considérée dans son ensemble, sur des points de détail de son système et, notamment, sur ses rapports avec Spinoza et Leibniz. Mais ni ces travaux, ni ceux si documentés et si intéressants de M. Vander Haeghen et de M. Land, l'éditeur de ses œuvres complètes, ni les chapitres substantiels qu'ont consacrés à Geulincx M. l'abbé Monchamp et tout récemment M. de Wulf n'ont eu, semble-t-il, pour effet d'attirer sur lui l'attention du public curieux des choses philosophiques. En France, en particulier, nous ne trouvons aucune étude spéciale consacrée à notre philosophe. Un fragment assez étendu de Damiron, un court chapitre de Francisque Bouillier, un article du dictionnaire de Frank, deux brèves notices de M. Picavet, dans la *Revue philosophique*, à propos de l'ouvrage de M. Vander Haeghen et de l'édition de M. Land sont bien insuffisants pour faire connaître Geulincx au public français (1).

Aussi nous a-t-il paru qu'il ne serait pas inutile de mettre en lumière quelques points importants de sa doctrine et surtout de déterminer la place qu'elle peut occuper dans le développement de la pensée cartésienne.

Nous avons voulu tenter ce genre d'étude à propos de l'*Éthique* de ce philosophe et cela pour plusieurs raisons. D'abord, il est certain qu'il s'attache aux problèmes moraux

---

(1) Voir la bibliographie dans notre II<sup>e</sup> Appendice (à la fin du volume).

un genre d'intérêt que n'excitent plus guère de nos jours les questions métaphysiques. Nous pouvons peut-être, à la rigueur, proscrire toute spéculation sur la nature intime et sur l'origine première des choses ou des êtres ; nous pouvons encore nous interdire de rechercher les premiers principes de nos connaissances et nous pouvons, en conséquence, nous dispenser de choisir entre les systèmes philosophiques qui prétendent expliquer ce que sont la vérité ou la réalité ; mais, quand nous sommes en présence de la nécessité d'agir et des problèmes qui se posent à propos de l'action, lorsque nos passions nous sollicitent ou que les plaisirs et les douleurs affectent et ébranlent notre sensibilité, il nous faut bien, à toute force, adopter une attitude et trouver des solutions. Or, si un auteur comme Geulincx, qui a vécu, qui a souffert, qui a lutté, croit avoir trouvé une règle de conduite, nous ne pouvons passer indifférents à côté du livre qui nous la révèle et qui prétend nous en démontrer la valeur. « Le vif intérêt que présentent à l'heure actuelle les problèmes de la vie morale ne peut manquer de se reporter pour une bonne part sur les doctrines qui, à d'autres époques, les ont posés et ont tenté de les résoudre » (1). Et quand l'attitude qu'elles recommandent reste toujours possible, comme c'est le cas pour l'*Ethique* de Geulincx, nous avons d'excellentes raisons pour les retenir et les examiner.

D'autre part, les applications pratiques d'un système ne sont-elles pas la pierre de touche infaillible pour en contrôler la valeur et la meilleure philosophie n'est-elle pas elle

---

(1) Victor DELBOS, *Le problème moral dans la Philosophie de Spinoza et dans l'histoire de Spinozisme*, Alcan, 1893, p. I.

qui nous permet d'organiser le mieux notre vie morale et sociale ?

Geulincx semble, d'ailleurs, l'avoir bien compris et sa pensée paraît s'être de plus en plus orientée vers l'étude et l'enseignement de l'éthique. Certes, lorsque, à l'Université de Louvain, il prononce comme président des *Quaestiones quodlibeticae* son fameux discours d'ouverture, dans le plan de réformes pédagogiques et scientifiques qu'il y propose, il ne fait pas encore mention de la morale (1) ; mais peut-être y avait-il là une réticence volontaire, en vue de ne pas effrayer ses collègues profondément attachés au catholicisme et à la morale traditionnelle de l'Eglise, fondée sur la foi religieuse. Peut-être aussi son esprit ardent et curieux de métaphysique et de logique, comme celui de tous les jeunes gens, ne s'était-il pas encore suffisamment attardé à des réflexions sur la pratique de la vie. A Leyde, douloureusement mûri par l'expérience, parvenu d'ailleurs plus avant dans l'étude des sciences, il ne tarde pas à manifester un goût très vif et même presque exclusif pour les problèmes de l'éthique. Une thèse soutenue le 26 avril 1664 par ses élèves mais qui est toute de sa main, la *Disputatio ethica de virtute et primis ejus proprietatibus*, contient déjà tout ce qu'il y aura d'essentiel dans son premier traité de morale. Le 27 juillet 1665, il fait paraître et dédie aux Curateurs de l'Université son premier livre de l'*Ethique*. Dès le semestre d'hiver de cette même année, il annonce qu'il joindra au cours de logique, qu'il fait comme lecteur, des amplifications sur la doctrine des mœurs et, l'année

---

(1) Dans la nouvelle édition de ses *Quaestiones*, qu'il fait paraître en 1665, Geulincx ajoute : « tandem hoc agmen claudat ethica ». (*Quaest. quod. Or. 1ª*, Land, I, p. 43).

suivante, il professe alternativement les deux cours de logique et de morale : il est alors professeur extraordinaire. Au début de 1667, il sollicite des Curateurs l'autorisation d'enseigner officiellement l'éthique : il l'obtient le 8 février. Il montre toute l'importance qu'il attache à ses travaux sur cette matière en traduisant lui-même son traité de l'*Ethique* en hollandais et en le faisant paraître le 4 avril avec une dédicace aux Curateurs. Enfin, au cours de l'année 1668, l'avant-dernière de sa vie, il fait soutenir les neuf dissertations que l'on nomme : *Disputationes ethicae de finibus Bonorum et Malorum* (1). On eût dit que, dans la crainte ou en prévision d'une catastrophe prochaine, le philosophe se hâtait de bâtir cette morale qui lui tenait tant à cœur et d'achever son édifice scientifique qui, sans la consécration suprême de l'éthique, serait sans beauté, sans utilité et sans valeur. Sur les fondations constituées par un béton solide et bien lié, qui sont la Logique, soutenu par « la Mathématique et la Métaphysique, colonnes robustes », par les parois bien charpentées de la Physique, au-dessus « des planchers et de toutes les œuvres intérieures établies avec art et élégance,.... dans le temple de la Sagesse, l'éthique est le plafond et le toit » et, sans elle, l'édifice « infecté par la pourriture et la moisissure des enduits, souillé par les nids des chauve-souris et des chouettes, déshonoré par les repaires des bêtes féroces, infecté par les

---

(1) Les 14 et 28 janvier, 29 février, 11 mars, en avril, les 5 mai, 13 juin, 18 et 24 novembre 1668. J'emprunte tous ces renseignements aux études M. Land qui, en sa qualité de Recteur de l'Université de Leyde, a pu compulser les registres académiques et tous les autres documents existants dans cette ville. Voir surtout *Œuvres phil. de Geulincx*, vol. I, p. XV et *Arn. Geulincx u. s. Phil.* pp. 72, 76 et 77.

immondices des serpents et par les vers, odieux, exécrable et rongé par le suintement des pluies, menace de s'écrouler sur la tête des voyageurs et finit par tomber en ruines » (1).

Telle est la pensée que Geulincx développe avec complaisance, qu'il reprend sous toutes ses formes dans sa *Dédicace de l'Éthique*, pour bien montrer l'importance capitale qu'il attache à la partie de la philosophie qu'il va maintenant traiter.

Il n'en est qu'une autre qu'il semble juger supérieure et, en un sens peut-être, plus utile encore et qui serait comme un dôme dépassant le faîte : c'est la politique, la science du bonheur de l'État et du devoir dans l'État. Mais cette politique, que Geulincx n'a pas eu le temps d'ébaucher, et qui aurait formé sans doute le dernier livre de son *Éthique* (2) n'aurait pu avoir d'autre fondement et d'autre point d'appui que la théorie de la vertu, si bien que cette préoccupation des faits et des lois de la vie sociale qu'a manifestée Geulincx ne fait que mettre davantage en lumière la nécessité de la morale et sa dignité.

Cette orientation pratique des recherches et de l'enseignement de Geulincx ne doit pas nous surprendre chez lui, si nous considérons la direction générale de sa pensée. Reconnaissant l'obscurité incompréhensible du problème métaphysique, conscient de l'impuissance radicale de l'homme, lorsqu'il veut agir soit sur le monde matériel, soit sur son propre corps, soit même sur ses sensations et ses représentations, il est profondément convaincu que

---

(1) *Eth.* tr. I. Dedicatio, (III p. 4).
(2) Il en est question dans les dernières lignes du Traité II. de *l'Éthique* (III, p. 91).

tout, en nous et autour de nous, est absolument soumis au pouvoir infini de Dieu, sauf une seule chose, dont nous sommes les maîtres : la détermination de notre volonté. Ce que sont, en soi, les choses et quelles en sont les lois et la signification, Dieu seul le sait ; ce qui m'arrivera dans cette vie, Dieu seul le connaît, le prépare et le produit, au moment fixé par sa sagesse ; ce que je deviendrai après ma mort, Dieu seul pourrait me le révéler : il en a la charge et en garde le secret ; mais l'effort volontaire vers le bien, fût-il stérile et sans issue heureuse, voilà quelle est la vertu humaine, la fin consciente de l'homme, l'unique domaine qui soit vraiment le sien (1). La philosophie spéculative de Geulincx repose sur un acte de foi en la raison. Or la véritable patrie de la raison c'est l'Ethique. Là, devenue pratique, elle commande absolument. Et c'est pourquoi la vie morale, la conduite de l'âme selon la raison, est la destination suprême de l'homme ; la morale est la science la plus véritablement humaine, la moins décevante, la plus certaine ; c'est à elle que tendent toutes les autres. Aussi est-ce vers elle que Geulincx a sans cesse, comme nous venons de le voir, fait converger sa pensée et ses recherches méthodiques.

Ces considérations nous permettront peut-être de résoudre une difficulté, mise en évidence par M. Picavet dans un des brefs articles que nous avons déjà signalés (2).

---

(1) Cf. Land. *Arn. Geulincx u. s. Ph.* p. 76.
(2) *Revue Philosophique* 1887, 2, p. 433. M. PICAVET, dans cet article, mentionne, au moins comme hypothèse, « les variations philosophiques d'un homme qui, catholique jusqu'à 31 ans,... était devenu calviniste à Leyde, qui se rendit suspect, semble-t-il, dans cette dernière ville, au parti protestant orthodoxe... Y a t-il, continue M. Picavet, dans la pensée philosophique

M. Picavet se demande s'il n'y aurait pas eu dans l'esprit et dans le système de Geulincx une évolution et des phases successives ; il craint que ce philosophe, qui a abjuré le catholicisme pour embrasser le calvinisme, n'ait pas eu dans sa doctrine plus d'unité et de fermeté que dans sa foi religieuse ; quelques indices tirés de l'histoire de sa vie pourraient le faire accuser d'inconstance et même de contradiction. Or rien dans la lecture de ses œuvres ne justifie un semblable grief ; nous avons pu montrer avec quelle précision et aussi quelle précipitation préméditée son enseignement tendait à la morale comme but, avec la raison comme moyen, en se fondant sur la théorie essentielle de l'efficacité absolue de Dieu et de l'inefficacité de l'homme. Rien non plus de ce que nous connaissons de la vie de Geulincx et de ce que nous pouvons conjecturer de son caractère ne nous permet de le qualifier d'esprit versatile, indécis ou inconstant ; partout nous découvrons, au contraire, une belle unité et sa conduite se montre toujours d'accord non seulement avec elle-même, mais encore avec toute sa philosophie et plus particulièrement avec sa morale. Nous n'avons pas de peine à nous représenter Geulincx, fils d'un fonctionnaire de la ville d'Anvers, — son père était messager postal d'Anvers à Bruxelles — élevé comme un jeune bourgeois aisé chez

---

de Geulincx l'unité systématique qui fait défaut à sa pensée religieuse ? » M. LAND a répondu à cette objection, en montrant que, dans l'œuvre de notre philosophe, l'ordre philosophique de l'apparition des différents ouvrages importe peu ; car sa pensée ne s'est pas insensiblement transformée comme celle de Leibniz et de Kant : elle était tout entière définitivement constituée dès la période de Louvain (*Arn. Geulincx ; Opera Philos.* t. I, p. VII).

les Augustins d'Anvers; il fait à Louvain d'excellentes études à la Pédagogie du Lys « *inter divites* »; là, bien que l'enseignement officiel fût entièrement aristotélicien et scolastique, il se trouva dans une atmosphère d'humanisme, de libre pensée philosophique et religieuse, de jansénisme et de cartésianisme. On y gardait le souvenir d'Erasme, de Juste Lipse et de Puteanus, qui y avaient passé ou séjourné et Geulincx (1) parlera d'eux avec enthousiasme; là, avait vécu Van Helmont, qui, par sa critique de la science péripatéticienne et son doute méthodique, se rapprochait beaucoup de Descartes; là, avait paru, en 1640, *l'Augustinus* de Jansénius, dont l'Université de Louvain tint toujours à honneur de défendre la mémoire; enfin, à Louvain, Descartes était connu depuis 1638, en raison de ses rapports avec le D$^r$ Plempius. L'un des premiers cartésiens à Louvain, Guillaume Philippi, professeur à la Pédagogie du Lys, a été certainement parmi les maîtres de Geulincx. A Louvain, comme d'ailleurs presque partout où le cartésianisme apparût, il y eut entre la nouvelle philosophie, le jansénisme et même la libre pensée une sorte d'alliance défensive et offensive; c'est ainsi que l'on explique sans peine que Geulincx ne fut jamais un catholique bien convaincu, qu'il inclina d'abord au jansénisme, puis au calvinisme, dont les analogies avec le jansénisme ont été souvent signalées (2); on comprend enfin que, par un progrès continu dans la même voie, par une sorte d'exagération du principe du libre examen, il en soit arrivé à une tiédeur, en matière confessionnelle, scan-

---

(1) *Qaestiones quod.* Quaes. 21. (éd. de 1653, p. 53).
(2) Malebranche a fait lui-même le rapprochement.

daleuse pour les rigides calvinistes de Leyde (1). L'unité de sa conduite et de sa doctrine existe ; elle doit être cherchée dans le culte qu'il a toujours eu pour la raison, l'idée claire, l'évidence, l'expérience interne, source et exemplaire de toute certitude et nous ne pouvons pas reprocher à Geulincx d'avoir poussé très loin les conséquences de cet état d'esprit cartésien, d'avoir appliqué jusqu'au bout les préceptes de la méthode de son maître et d'avoir eu le courage et la probité de conformer ses actes à ses convictions philosophiques, en abandonnant la religion de l'autorité pour celle de la liberté et en refusant de suivre celle-ci lorsque, infidèle à son principe, elle prétendait régir trop despotiquement les intelligences et les mœurs.

Geulincx paraît avoir été toujours d'une sincérité naïve et malhabile. Nul n'a pu s'inscrire en faux contre ses paroles, lorsqu'il a dit et répété qu'il n'avait jamais parlé ni pensé autrement en public qu'en particulier (2) ; on ne trouvera chez lui ni l'habileté diplomatique de Descartes, ni les prudents calculs de Spinoza ; sa devise n'est pas : « *is bene vixit qui bene latuit* » ; ce n'est pas non plus « *caute* » ; mais bien « *serio et candide* ». Ses opinions philosophiques, sérieusement fondées et sérieusement établies, sont, chez lui, inébranlables : jamais il ne les a reniées. Plein d'enthousiasme pour la réforme philosophique, il ne craint pas, quand il préside les « *Quaestiones Quodlibeticae* » de montrer sa ferveur de néophyte ; il ose attaquer de ses persiflages publics et de ses critiques directes les grotesques géants, les bizarres génies qui personnifient la philosophie

---

(1) Voir dans LAND : *A. Geulincx u. s. Phil.*, p. 80, comment sa tolérance religieuse lui fit des ennemis parmi les protestants orthodoxes de Leyde.
(2) *Responsio ad objectiones* (II, p. 466).

scolastique ; il ne consent pas à faire à ses adversaires les concessions nécessaires pour désarmer leurs rancunes ou endormir leur haine. Cette habileté serait pour lui un mensonge et une lâcheté, un crime contre la raison. Quand il est destitué de ses fonctions par ses pairs, il proteste courageusement devant le Conseil de Brabant et devant l'assemblée générale de ses collègues, contre les personnages turbulents qui l'expulsent de sa chaire et vont jusqu'à porter la main sur lui ; mais il n'intrigue pas, comme le firent tant d'autres, pour soulever un conflit entre le Conseil, qui lui était favorable et l'Université, qui lui était hostile ; il ne cherche pas à faire traîner les choses en longueur et à obtenir ainsi son maintien. Il ne s'obstina jamais contre les évènements ; il fut, toute sa vie, profondément malheureux, jamais il ne songea à la révolte : Il pensait, comme il l'enseignait, que l'homme doit être satisfait de sa vie, quels que soient les malheurs qui l'accablent et que, si la raison me prescrit de faire des efforts persévérants vers le bien et même vers le bonheur, elle ne peut pas m'ordonner de réussir, puisque le succès n'est pas en mon pouvoir. Persuadé que les maux n'existent que pour ceux qui se plaignent, il ne se lamenta jamais ; devant les difficultés toujours renaissantes qui venaient sans cesse entraver sa carrière, il se contenta de chercher patiemment de nouvelles voies pour arriver au but de sa vie, l'enseignement et la propagation de sa doctrine. Il sut donc se conformer à l'ordre du monde, parce qu'il reconnaissait qu'il est l'ordre de Dieu, devant qui l'homme n'est rien et il pratiqua admirablement l'obéissance et l'humilité philosophiques, que vantait sa morale. Sa diligence pour la sagesse fut la règle de sa vie, puisqu'il consacra à rechercher et à enseigner la vérité son labeur quotidien ; rien ne le détourna de la tâche éducatrice qu'il s'était assignée ; lorsque le « naufrage de sa fortune », comme il le dit lui-même, le força à mener à Leyde la vie la plus misérable, bien des voies sans doute s'offraient à lui pour sortir de la pauvreté avec honneur ; devenu docteur en médecine, il pouvait exercer fructueusement son art ; sa vocation l'emporta et il travailla avec une constance merveilleuse à regagner, dans cette Université, où il était un étranger, un transfuge et presque un ennemi, le titre de professeur, qui était pour lui comme la consécration de son apostolat. Rien dans ses œuvres ne trahit la rancune, la haine ou le ressentiment ; nous n'y trouvons pas un mot de polémique personnelle, pas une parole un peu vive à l'adresse de ses adversaires ou de ses rivaux, à une époque où les philosophes eux-mêmes se laissaient aller trop souvent à l'invective et à l'injure : on peut donc présumer qu'il fut juste et bienveillant. Or la diligence, la justice, l'obéissance et l'humilité, ce sont, nous le verrons, les quatre vertus cardinales que Geulincx recommande dans son *Ethique* et ce furent celles qu'il pratiqua.

Malgré l'élévation de sa doctrine, il n'eut sans doute rien d'un ascète ; il connut vraisemblablement la force des passions de l'amour, puisque, pour épouser celle qu'il avait distinguée, il alla jusqu'à briser sa carrière et affronter la pauvreté ; on peut conjecturer que, dans sa jeunesse, il se permit bien des libéralités et peut-être même des dépenses exagérées ; ses disciples les plus ardents, Cornélius Bontekoë et Johannès Swartenhengs, n'eurent pas des mœurs exemplaires et ne se firent pas remarquer par leur sobriété. Nous pouvons en conjecturer que Geulincx voyait sans indignation les écarts de leur conduite. Mais cette indulgence même, qui dut lui faire beaucoup d'ennemis chez les austères calvinistes de Leyde, n'est pas en contradiction avec son système. Les faiblesses du corps ne pouvaient pas compter beaucoup, si au cours des égarements de la passion, la volonté restait maîtresse d'elle-même et de ses décisions. Vouloir vivre en opposition avec les excitations qui nous viennent du monde extérieur et de notre nature physique, ce serait faire preuve de folie, d'orgueil philosophique et même désirer l'impossible (1). Geulincx va plus loin, il enseigne dans l'*Ethique*, au grand scandale de Ruardus Andala, qu'une des sept obligations strictes, par lesquelles s'exprime notre abandon volontaire au décret divin, nous prescrit de laisser de temps en temps reposer notre esprit ; pour cela on ne doit pas hésiter à « sacrifier aux grâces, se promener se plaire aux jeux, aux conversations et aux plaisanteries amicales, festoyer et boire, danser et même faire des folies » (2), pourvu que nous ne nous livrions pas au plaisir par amour pour le plaisir et que nous l'acceptions uniquement parce qu'il est le seul moyen de détendre notre esprit et de le rendre capable d'une nouvelle application, c'est-à-dire pour nous conformer aux intentions de la divinité.

Ainsi, entre ce que nous pouvons deviner de la physionomie morale de Geulincx et sa doctrine, entre sa vie et son système, nous trouvons une concordance remarquable. Il a bien été l'homme de ses livres et ceux-ci ont toujours traduit, semble-t-il, d'une manière uniforme, les deux tendances les plus caractéristiques de sa philosophie, d'une

---

(1) *Eth.* Tract. IV (III, p. 111).

(2) *Eth.* Tract. I, ch. II (III p. 51). Geulincx emploie même ces expressions savoureuses : « debacchari, pergraecari », que lui reprocheront plus tard, avec indignation et mauvaise foi, Ruardus Andala et d'autres théologiens (RUARDUS ANDALA... *Examen Ethicae Clar. Geulingii...* dissertationum tertia p. 71 à 140 *passim*).

part, l'amour sans limites qu'il eut pour la raison et pour le libre examen, sa foi en la volonté, toutes choses qu'il tenait de Descartes, d'autre part l'affirmation d'un déterminisme rigoureux, qu'il déduisait de la toute puissance divine et qu'il avait emprunté, en grande partie, aux dogmes janséniste et calviniste de la prédestination. C'est dans la combinaison de ces deux thèses, en apparence inconciliables, que réside la principale originalité de Geulincx et nous croyons qu'il n'est pas sans intérêt d'exposer quelle est cette solution et comment elle répond, en particulier, au problème moral.

L'étude que nous nous proposons d'instituer nous amènera, en outre, à nous poser cette question : La philosophie de Geulincx, et notamment son éthique, sont-elles, comme il le prétendait, au témoignage de Philarète (ou plutôt de Bontekoë), purement cartésiennes, ou tout au moins conformes à la doctrine de Descartes et destinées à combler une lacune dans le système du maître ? Ou devons-nous, au contraire, nous ranger à l'opinion de Ruardus Andala qui, dans son zèle pour le cartésianisme et mû, comme il le dit, « par le plus pur amour pour la vérité », déclare que Geulincx n'a fait des emprunts à la philosophie cartésienne que pour en imposer au monde savant, que l'on doit effacer son nom de la liste des disciples de Descartes, pour l'inscrire parmi les ennemis clandestins de ce philosophe (1) ?

---

(1) RUARDUS ANDALA, (*op. cit.*, Diss... prima, pp. 1-28 et *passim*).

# CHAPITRE PREMIER

## Les fondements métaphysiques de la morale de Geulincx

Nous avons mis en lumière, d'après les paroles mêmes de Geulincx, toute l'importance qu'il attribuait à la morale. A défaut de ses déclarations, nous aurions pu, d'ailleurs, reconnaître cette préoccupation aux précautions qu'il prend pour fonder solidement son éthique et pour l'établir, comme science, sur des principes incontestables.

Et d'abord, il semble prévoir, chez ceux qui l'écoutent ou le lisent, une objection préalable, ou plutôt il devine et redoute, chez eux, une disposition d'esprit très fréquente à cette époque. Il pressent qu'on va dire ou penser : Quel besoin avons-nous d'une morale distincte des prescriptions de la religion, nous qui sommes chrétiens et qui avons ce privilège inestimable de posséder dans l'Écriture-Sainte les préceptes et les exemples de la morale la plus pure, la plus élevée et aussi la plus incontestable, puisqu'elle émane de Dieu, dont elle reproduit les paroles et que Dieu ne peut ni se tromper, ni nous tromper ? Geulincx ne dédaigne pas l'objection : il reconnaît, sans hésiter, que les livres sacrés contiennent la sagesse et que seuls les chrétiens sont capables de l'acquérir et de vivre moralement, en se conformant à leurs enseignements. Mais il n'abandonne pas, pour cela, son projet de juxtaposer à la morale fondée sur la foi une morale fondée sur la raison. Il se justifie de prétendre en savoir plus que les autres et il cherche à faire excuser sa hardiesse apparente, en déclarant qu'il a pris la Bible pour microscope, qu'ainsi il a pu voir bien des choses qu'il aurait toujours ignorées sans le secours de ce verre grossissant, mais que, maintenant, son œil accoutumé à les distinguer clairement jusque dans leurs détails, peut les étudier directement sans avoir recours à cet instrument désormais inutile (1). Il sera donc assuré de retrouver, par la seule lumière naturelle, les vérités révélées qui sont relatives à la vie pratique ; sa morale restera en accord avec la religion, sans cependant en avoir été extraite ; sa philosophie tout entière sera bien une théologie chrétienne, mais non une théologie révélée (2).

Si nous appelons, comme le fait souvent Geulincx lui-même, cette théologie rationnelle une métaphysique, nous dirons, avec lui, que la science fondamentale est une métaphysique, dont toutes les autres sciences ne sont que des dépendances plus ou moins immédiates (3). Parmi celles de ces sciences qui dérivent de la métaphysique directement, c'est-à-dire sans intervention d'expériences ni d'hypothèses, il cite, avec cependant une légère hésitation (*fortasse*),

---

(1) *Eth.* Préface (III, p. 7-8) ; cf. pour le respect de Geulincx à l'égard de l'Écriture, *Annotata ad Metaphysicam* (II, pp. 291, 292 sq).

(2) «Deus ipse pertinet ad lumen naturale et non proprie ad revelationem». (*Ann. in Cart. Princ.*). (III, p. 380).

(3) *Metaphysica vera*, Intr. Sect. I, §1 et 2 (II, p. 139) ; cf. *ibid.* Pars. alt., 7ᵉ Scientia (II, p. 171), et les notes correspondantes.

l'Ethique, à côté de la Géométrie, de l'Arithmétique et de la Logique. L'Ethique est définie « un *excursus* de la Métaphysique dirigé vers les mœurs (1) ». Il est aisé de comprendre cette relation de la morale à la métaphysique. Posons, en effet, d'abord que celle-ci est, pour notre philosophe, à la fois une théorie de la connaissance et une science de l'être, les deux points de vue du vrai et du réel ne pouvant pas être séparés. Or, si la morale a pour objet de nous prescrire ce que nous devons faire pour développer notre activité d'une manière parfaite et achevée, il importe d'abord que nous sachions ce que nous sommes, c'est-à-dire ce qu'est notre être, notre réalité, ce que nous pouvons, ce que nous valons ; il faut aussi établir ce qu'est Dieu, cause suprême de notre existence et de celle du monde et déterminer la nature et les limites de son action sur nous ; il est indispensable enfin de connaître la signification exacte des choses qui nous entourent, dont nous avons en nous les représentations, qui semblent nous limiter et le pouvoir qu'il leur est possible d'exercer sur nous. D'autre part, pour être certains que nous ne nous trompons pas dans la solution de semblables problèmes, nous devons, avant tout, critiquer notre faculté de connaître, obtenir un critérium de la vérité capable de servir de fondement à toute science, ou encore une affirmation incontestable, qui puisse être le type de toutes les autres. De ce que je sais, je tirerai ce que je suis, ce que je puis et enfin ce que je dois faire. Nous devons donc chercher avant tout la proposition inébranlable sur laquelle reposera toute connaissance qui prétendra à la certitude absolue.

---

(1) *Met. ver.* Intr. Sect. I, § 5 (II, p. 139); *ibid.* Pars I<sup>a</sup>, II<sup>e</sup> Sc. (III, p. 155).

## 1. — *LA CONNAISSANCE*

La métaphysique de Geulincx est constituée par un vaste enchaînement de propositions fondamentales très systématiquement liées (1) les unes aux autres. Il les appelle des « sciences » et il les groupe sous trois chefs principaux : l'« autologie (2) » ou connaissance du moi, la « somatologie » ou théorie du monde corporel et la « théologie », qui traite de Dieu.

C'est à juste titre qu'il étudie en premier lieu la pensée humaine et les pensées (*cogitationes*) par lesquelles celle-ci manifeste sa nature ; car, s'il paraît tout d'abord logique de commencer l'étude philosophique de l'univers par le concept de Dieu, principe de toutes choses, substance et cause active de l'ensemble du monde, ce genre de déduction ne conviendrait qu'à des intelligences parfaites, comme celle des anges ; il est préférable et, en tous cas, plus facile et plus prudent pour nous de connaître Dieu « *a posteriori*, c'est-à-dire d'après ses effets », ou encore « d'après ses

---

(1) V. les passages déjà cités ci-dessus (note 1). Le souci d'un enchaînement rigoureux des connaissances se montre sans cesse chez Geulincx. V. par ex : *Methodus inveniendi argumenta*, dédic. II, p. 3 ; *Met. vera*, Pars III (II, p. 186).

(2) Le mot autologie (Αὐτολογία) ne figure ni dans la première édition de la *Métaphysique* de Geulincx, ni dans les cahiers qui ont été utilisés pour cette édition : le premier groupe de sciences n'y porte aucun nom. Mais, dans l'*Éthique*, notre philosophe, renvoyant à sa Métaphysique, emploie très fréquemment ce mot d'autologie ; par ex. : *Ann. ad. Eth.* 32. (III, p. 216).

œuvres », comme le dit notre philosophe (1). Avant de fonder la science divine, source de toutes les autres, il est d'une méthode plus sûre, sinon plus rigoureuse, de chercher la valeur et l'étendue de notre science dans son origine immédiate, c'est-à-dire en nous-mêmes. N'est-ce pas en nous et par nous que nous connaissons Dieu (2) ? Bien plus nous ne pourrons nous chercher sans le trouver et sans établir, par là même, les règles de la vie morale, celle-ci ne pouvant être que la vie la plus conforme à la perfection divine, à l'intention du Créateur et, par suite aussi, la vie bienheureuse (3). L'« autologie » est donc la clé de toutes les autres sciences et, en particulier, d'une manière très directe, celle de l'éthique. A défaut d'autres preuves, le titre que porte l'éthique de Geulincx dans toutes les éditions, sauf la première, «Γνῶθι σεαυτόν», suffirait à montrer l'étroite parenté entre la doctrine morale et la théorie du savoir fondée sur la connaissance du moi par lui-même (4). L'« autologie » est à l'origine de toutes les sciences, parce que, comme la méthode cartésienne, qu'elle met à profit, elle trouve un point de départ incontestable dans la conscience du sujet, dans le « je pense ».

Bien que Geulincx n'approuve pas pleinement le doute

---

(1) *Ann. ad Met. veram*, Pars III<sup>a</sup>, (II p. 283). M. LAND, dans son édition, rejette dans les notes bien des passages qui font partie du texte dans l'édition de 1691.

(2) « Inspectio autem Dei ex nostrûm ipsorum inspectione pendet ; incipiendum semper ab eo quod cœlo delapsum est (ut Poeta loquitur): « *Nosce te ipsum.* » *Eth.*, Tract II, Pars III, § 9 (III p. 82).

(3) « Nam et obligatio atque lex necessario ex idea illa emanat, et, si legem non servaverit, reatus penae, calamitas et perpetua infelicitas ». *Annot. ad Met. veram* (II, p. 85).

(4) C'est ce que constate encore Geulincx, *Ann. ad. Eth.* ?? (II , p. 216).

de Descartes (1), il comprend que toute science doit traverser une période sceptique ou, plus exactement, critique (2) ; toute philosophie qui veut être assurée de la vérité de ses déductions et de ses constructions doit supposer d'abord que nous ne savons rien encore, mais que nous savons que nous ne savons pas ; ce n'est pas là le doute systématique et définitif, c'est un doute de pure forme, qui n'a de raison d'être que chez le « candidat en métaphysique » (3). Nous sommes, en effet, immédiatement conduits du doute à la pensée et à ce premier jugement : je suis (4). C'est l'intuition intime, l'expérience interne de notre pensée s'apparaissant à elle-même qui vont être le type de toute certitude et le fondement de toute connaissance. Nous avons là une évidence absolue, la connaissance intuitive étant, à cause de sa simplicité et de sa clarté, la meilleure et la plus indubitable de toutes (5) : Ces sortes de « définitions

---

(1) *Ann. in Cart.* (III, p. 361) « Philosophus potius considerat se dubitantem quam dubitat. Haec igitur ad res vulgares et extra scholam deduci non debent ».

(2) Une des raisons de douter les plus originales et les plus décisives invoquées par Geulincx peut être présentée ainsi : Lorsqu'on prétend que les sens nous trompent, on veut dire, en réalité, qu'ils sont contredits par le raisonnement de l'intelligence. Mais pourquoi nous rangeons-nous du côté de l'entendement contre la sensibilité ? Y a-t-il une faculté ou un principe supérieur, qui permette de décider entre les deux ? Et, s'il n'y en a pas, ne faut-il pas douter ? *Disp. met.*, Isag. pars I<sup>a</sup> (II pp. 169 sqq). Cependant Geulincx montre que nul ne peut être sceptique d'une manière absolue sans se mettre en contradiction avec lui-même. *Met. vera*, Intr. Sect. II (II p. 145).

(3) *Disp. met.* Isag. pars altera, III (II p. 177).

(4) *Met. vera*, Pars I<sup>a</sup>, 1<sup>e</sup> Sc. (II pp. 147 et 148); *Ann. ad. Met.* Sc. 2<sup>a</sup> (II, p. 267) ; *Ann. in Cart.* (III pp. 365 et 366).

(5) Les intuitions intimes n'ont besoin ni de définition, ni de démonstration. *Met. vera*, Int. Sc. 2<sup>a</sup> (II p. 142) : « Nihil est quod nos tam certos reddat… quam evidentia seu evidens intuitus ». « Definitionem eminentem voco illam scientiam quam scimus optime et intuitive ; … quae satis clara sunt definiri non debent ». *Log.* Pars IV. Sect. I, cap. VI (II pp. 403, 404).

évidentes », comme dit Geulincx, renferment toute la réalité de ce qu'elles définissent. Or, ici, la réalité, qui correspond à une intuition si simple, ne peut être que tout à fait simple elle-même Quand je dis : « je pense, donc je suis », j'ai conscience que je suis quelque chose d'un et d'identique (1), par conséquent quelque chose qui ne peut consister qu'en la pensée, quelque chose pour quoi être et penser se confondent : la pensée m'est donc essentielle. D'où je tire avec une absolue certitude que je ne puis être sans penser, agir sans penser mon action et sans en avoir conscience. Je ne puis rien faire sans le penser. D'où, comme conséquence, ce principe fondamental de l' « autologie » et de l'éthique, que nous ne pouvons pas considérer véritablement comme des productions de notre esprit les pensées que nous trouvons en nous sans que nous sachions comment elles y sont nées et que nous ne devons pas prendre pour des effets de notre activité certains actes que nous serions parfois tentés de rapporter à nous, mais dont nous ne connaissons ni le processus, ni les moyens employés pour les accomplir.

Ce principe, « *quod nescis quo modo fiat, id non facis* » (2), sur lequel va s'appuyer sans cesse Geulincx, est

---

(1) « Ego cogito, et diversis modis cogito ; sed quod in me cogitat, omnibus illis modis, unum idemque et, per consequens, simplex est ». *Met. vera*, Pars I., 3ᵉ Sc. (II p. 149).

(2) Voici quelques formules de ce précepte, que Geulincx ne cesse de répéter : « qua fronte dicam, id me facere quod, quo modo fiat, nescio ». *Eth. Tract*, I, cap. II, sect. II (III p. 32). « Ego non facio id quod, quo modo fiat, nescio ». *Ann. ad Eth*. 9 (III p. 205). « Quod nescis quomodo fiat, id ne facere te dicas » *ibid*. 14 (III p. 210). « Quod nescis quomodo fiat, id non facis, ... impossibile est ut is faciat, qui nescit quomodo fiat ». *Met. vera*, Pars Iᵉ 5ᵉ Sc. (II p. 150) ; cf. *Ann. ad Met*. (III pp. 268 et 280).

fécond en résultats. Toute activité devant être conçue par analogie à la nôtre, il n'y aura de causalité vraie que là où il y a conscience et connaissance ; le monde corporel, le « *brutum* », incapable de penser est incapable d'agir ; l'homme lui-même, limité dans sa pensée consciente, est limité dans son action (1); l'être infini seul, doué d'une intelligence parfaite, possède l'activité suprême : il est la cause de tout ce qu'il connaît, c'est-à-dire la cause de tout ce qui se produit dans l'univers. De là nous tirons aussi immédiatement qu'il ne peut y avoir une action des corps sur les corps, ni des corps sur les esprits, ni de l'esprit humain sur les corps, puisque tout corps est dépourvu de conscience par lui-même (2) et que l'esprit humain n'a aucune idée de la manière dont il pourrait s'y prendre pour agir sur un corps, c'est-à-dire de la façon dont ses intentions se transformeraient en mouvements capables de modifier la figure de la matière étendue. Nous ne sommes pas davantage les auteurs des actes et des démarches de notre propre corps, puisque nous ignorons complètement comment notre pensée influe sur notre cerveau et celui-ci sur nos nerfs, nos muscles et nos organes (3) ; tout ce que nous savons, sur ces points, d'ailleurs obscurs et controversés, ce n'est pas notre conscience qui nous l'a enseigné, mais bien l'expérience et l'étude de l'anatomie. Nous sommes donc amenés à cette conclusion : Tous les mouve-

---

(1) *Met. vera*; Pars I., 5ᵉ Sc. (II p.150) ; cf. *Annot. ad Eth*. (III p. 207).

(2) *Met. vera* ; Pars I., 9ᵉ sc. (II p. 154) ; Pars III., 8ᵉ Sc. (II p.195) ; cf. *ibid*. 11ᵉ sc. (II p. 197) ; *Ann. ad. Eth*, (III p.213).

(3) *Eth*. tract. I, cap. II, sec. II, § 2 (III pp. 35-37); cf : « Si corpus movendum est, movendum est a mente », *Comp. phys.*, p. 107.

ments qui se produisent dans notre propre corps ou dans le monde extérieur n'ont pas lieu, comme nous le croyons, en vertu de notre volonté, mais seulement en conformité avec elle. Toutes les pensées de notre esprit, toutes les impressions sensibles que nous avons à propos des modifications de notre organisme, du fait du monde extérieur, et tous les déplacements ou modifications des objets hors de nous, doivent avoir une cause commune, capable d'expliquer à la fois leur production et leur concordance et cette cause universelle, c'est l'activité d'un esprit infiniment intelligent et tout puissant (1).

Des remarques de détail me conduiraient au même résultat : en prenant conscience de mes idées, je trouve en moi des notions dont je ne puis pas dire comment elles s'y sont formées et que cependant je n'ai pas toujours eues ; d'une part, elles ne me semblent pas innées ; d'autre part, je ne les ai pas moi-même acquises, dans le sens rigoureux du mot (2). Il faut donc admettre qu'elles sont les idées d'une intelligence étrangère et supérieure à la nôtre, où nous les voyons, ou encore qui nous les fournit et qu' « elles ne sont dans notre intelligence que lorsque nous les considérons en Dieu, donc lorsque nous considérons Dieu lui-même » (3).

---

(1) Sur la manière dont nous arrivons à connaître indirectement nos fonctions organiques voir : *Eth. tract.*, I, cap. II, sec. II, (III p. 32) ; cf. : *Ann. ad. Eth.* (III p. 208). Sur l'impossibilité de faire de notre esprit, qui n'a pas d'étendue et qui n'est pas dans l'étendue, la cause des mouvements des corps extérieurs ou de notre propre corps, et sur la nécessité de considérer Dieu comme le véritable auteur de tous ces mouvements, voir : *Met. vera*, Pars III., 1ᵉ Sc. (II pp. 189-190). *Ann. ad Eth.* (III p. 211); *ann. in Cart.*, (III 519) ; et *ibid.* (III p. 115) : « Deus solus movere potest... In Ethica et Metaphysica, motus omnis mentibus tanquam auctoribus detrahitur ». Cf. *Ann. ad met.* (II p. 297) : « Deus primus motor et solus motor. »

(2) *Ann. ad met.* (II pp. 285-286); *Ann. ad Eth.* (III p. 176).

(3) *Ann. ad met.* (II p. 287) ; cf. *Ann. in Cart.* (III p. 380) [veritatisque].

Par des expériences intimes du même ordre, je puis constater que j'ai un grand nombre de désirs ou de décisions qui ne dépendent pas de mon libre arbitre (1) ; ces états de ma pensée ont donc eux aussi pour cause « un être sachant et voulant différent de moi » (2). Et c'est ainsi que Dieu nous est révélé par la seule « lumière naturelle ». Il est en quelque sorte rendu manifeste en nous-mêmes par la conscience que nous prenons de nous, parce que nous, qui sommes des esprits limités, nous ne pouvons nous considérer, par rapport à lui, esprit infini, que comme des modes par rapport à la substance, « *sumus enim modi mentis ut corpora particularia sunt modi corporis* » (3) ; ou encore nous sommes des abstractions, des limitations de cet esprit (4). Notre esprit, en effet, étant posé, supposons qu'il n'a plus de limites, il nous reste la pensée pure ou Dieu. « *Si auferas modum remanet ipse Deus* » (5). Connaître et comprendre, c'est donc apercevoir des idées en Dieu ou, plus justement, saisir Dieu en nous, Dieu étant la substance de notre esprit qui le voit en se considérant lui-même, dans la mesure où le fini peut sentir l'infini. La raison nous fait participer à la nature divine, autant que Dieu le lui permet. Par elle, nous sommes Dieu, dans les limites qu'il nous a assignées. « *Hoc videbit qui volet rationem esse veram imaginem divinitatis, cui cum probe conformamur animo et mente, jam bene rationales, jam boni homines et, quantum nobis datum est, divi*

---

(1) *Met. vera*, Pars I., 1ᵉ Sc. (II p. 149).
(2) *ibid.*, 5ᵉ Sc. (II p. 150).
(3) *Ann. ad met.* (II p. 273 ; cf. II, 203) ; *Met. perip.*, Pars I. (II p. 239).
(4) *Met perip.*, Pars I. (II p. 238).
(5) *Ann. ad Met.* (II p. 273).

*sumus* » (1). Et nous aboutissons ainsi à la fois à l'affirmation de la dignité et de l'excellence de la raison et à celle de l'existence de Dieu, également données dans l'unité du fait de conscience, fondement de toute science.

## 2. — *LA TOUTE PUISSANCE DE DIEU*

L'homme est essentiellement raisonnable. La raison qui se trouve en nous est quelque chose d'indéfinissable, mais dont l'expérience interne nous empêche de douter ; celui qui la possède sait, avant tout et mieux que tout, qu'elle est en lui et ce qu'elle est (2). De tout ce qu'elle nous présente, c'est-à-dire des pensées rationnelles, nous avons la connaissance la plus vraie et la plus incontestable qu'il soit possible de réclamer ; elles sont claires et certaines et c'est même à ces caractères qu'on les reconnaît pour de véritables idées de la raison ; nous ne devons pas chercher à les expliquer (3), il suffit qu'elles nous soient présentes. Geulincx parle ici comme Descartes. Comme ce philosophe, il passe de l'affirmation de notre pensée à celle de Dieu ; car, parmi nos idées, il trouve celle d'un être infini, sans laquelle l'homme ne pourrait parvenir à se comprendre lui-même ; non seulement cette idée a pour elle la clarté et l'évidence, mais encore elle a sur toutes les autres l'avantage de se légitimer par soi et de poser sa propre réalité, puisque, parmi ses qualités, elle possède l'existence absolue (4) ; la

---

(1) *Log. restituta*, Pars IV., Sec. II, ch. XII, 7. (I p. 113) ; cf. *Ann. ad met.* (II p. 293) ; *Comp. Phys.* p. 127.

(2) *Eth.*, Tract. I., cap. I, § 2, 1. (III, p. 14).

(3) *Met. vera*, Pars II, 8ᵉ Sc. (II p. 172) ; *Log. rest.*, Pars II, Sect. I, cap. I. 1 p. 233) et Pars IV, Sect. I, cap. VI (I. 403).

(4) *Ann. ad Met.* (II p. 288).

refuser à l'être infini et parfait, dont nous avons l'idée, ce serait se contredire.

A cette sorte de démonstration de l'existence de Dieu, qui se ramène à l'argument ontologique, plutôt indiqué que formellement développé, Geulincx ajoute d'autres considérations tendant à montrer combien l'existence divine échappe au doute et même à la discussion. Comme l'a enseigné Descartes, rien de limité ne peut être conçu sans l'infini (1). Or notre esprit est une raison limitée, qui ne peut tirer d'elle-même les idées qu'elle possède (2), puisque nous n'avons conscience ni de les avoir acquises, ni de la manière dont nous les aurions produites et que, d'autre part, le monde matériel est incapable de donner naissance à une pensée ; en particulier, nous ne pouvons être ni la cause formelle, ni la cause éminente du concept d'infini que nous possédons. Nous sommes donc bien moins des esprits que des « modes de l'esprit », c'est-à-dire des points de vue sur l'esprit universel et illimité (3). En ce sens, Platon a eu raison de dire que Dieu et les choses éternelles, qui sont les idées de Dieu, existent seuls dans toute la force du terme et selon le vrai sens du mot. D'ailleurs, une partie ne pouvant être pleinement conçue sans le tout (4), pour avoir

---

(1) *Ann. in Cart.* (III p. 376-378).

(2) *Ibid.* (III p. 518) ; cf.: *Ann. ad met.* (II p. 285). Le maître, dit Geulincx dans ce passage, est celui qui donne la science ; les hommes ne nous donnent pas la science ; il ne font que la réveiller en nous. Le vrai maître c'est Dieu, qui la présente à nos esprits, « mentes eousque » (*ibid.* p. 286). Mens illa (divina sc.) non abstrahitur ab individuis mentibus, sed contra haec abstracta sunt ab illa » *Met. perip.*, Pars I. (II p. 238).

(3) *Met. vera*, Pars II, 13ᵉ Sc. (II p. 179).

(4) *Log. rest.*, Pars I., Sect. II, ch. III, (I pp. 208-209) ; *Met. perip.*, Pars I. (II p. 211)

une idée exacte de nous-mêmes, nous devons penser à l'ordre universel, où nous avons notre place, et au principe de cet ordre, c'est-à-dire à l'Être infini.

Nous pouvons arriver à la même conclusion par une autre voie. Contrairement à l'opinion de Descartes, qui au début de sa recherche méthodique, lorsqu'il est en possession du « je suis », ne veut pas que, pour progresser plus avant dans la connaissance nous tenions compte de notre qualité d'hommes, Geulincx intitule la dixième science de son « autologie » : *Homo sum* (1). Il veut dire par là que j'ai un corps et que, du fait de son union avec lui, mon âme reconnaît qu'elle est limitée et passive puisqu'elle reçoit de lui, ou par son intermédiaire, des représentations ou des sensations et qu'elle contracte des passions ; aussi, « bien que notre esprit ne soit pas, absolument parlant, quelque chose de *brutum*, (c'est-à-dire de matériel), dans certains cas cependant, par exemple dans la réception des idées, dans son incorporation et sa séparation d'avec son corps, il se comporte à la manière du *brutum* ; car tout cela ne dépend ni de sa connaissance, ni de sa volonté ; donc notre esprit est une créature et, de ce qu'il n'est pas premier, il faut conclure qu'il est sous la dépendance de l'esprit primitif » (2).

D'ailleurs, puisque, en vertu du principe « *qui nescit quomodo fiat, is non facit* », ni les corps, ni les esprits ne sont les vraies causes du mouvement dans l'univers ou des actions apparentes qu'ils exercent les uns sur les autres, il faut bien reconnaître l'existence d'un moteur universel.

---

(1) *Met. vera*, Pars I, 10ᵉ Sc. (II p. 154).
(2) *Ibid.*, Pars III., 12ᵉ Sc. (II p. 198).

C'est en ce sens que Dieu doit être appelé notre véritable père : nos parents selon la chair ne sont pas vraiment les auteurs de notre existence, puisqu'ils ignorent et ignoreront toujours comment s'est formé le corps vivant qu'ils semblent nous avoir donné (1).

Il suit de ces diverses considérations que Dieu est dans le monde la cause de notre corps et de notre esprit, de tous les corps et de tous les esprits, c'est-à-dire de l'univers entier, l'origine de toute science et de toute action et, en particulier, le principe initial de tout mouvement. C'est en cela que consistent son infinie sagesse et la toute puissance de sa volonté, étroitement unies entre elles par le lien logique qui fait de la conscience du mouvement la raison d'être de ce même mouvement et la marque la plus certaine qu'il émane bien de celui-là seul, qui, tout en se l'attribuant, en perçoit les modes, les moyens et la fin. L'entendement parfait et la volonté infinie se supposent et s'impliquent mutuellement (2).

Toutefois ici une difficulté se présente immédiatement ; en attribuant l'efficacité à la seule volonté de Dieu et en le considérant comme la cause unique de tout mouvement et de toute action en général, Geulincx paraît aller ouvertement contre le sens commun et l'expérience vulgaire. On accorde, d'ordinaire, tant au monde des corps qu'à celui des esprits, une activité plus ou moins étendue. En général, on admet, tellement la chose paraît évidente, que les corps agissent les uns sur les autres, que leurs modifications produisent des changements consécutifs dans notre

---

(1) *Ibid.*, Pars III, 1ᵉ Sc. (II p. 187).

(2) *Annot. in Cart.* (III p. 381) : « cum nos voluntatem et intellectum in Deo distinguimus, pertinet haec distinctio ad modos considerandi nostros ».

organisme et que celui-ci, matériellement affecté, suscite dans notre âme des phénomènes de nature diverse, dont l'ensemble constitue nos affections et nos représentations. On croit réciproquement que notre volonté est capable de se traduire par des mouvements de notre corps propre et, de proche en proche, par les déplacements ou les déformations des objets extérieurs qu'elle s'est proposé de produire. Notre philosophe considère de telles croyances comme des « préjugés de l'efficience », nés d'une sorte d'illusion des sens et de l'imagination, qu'a consolidée l'habitude. Il se propose de rectifier cette erreur si universellement répandue et, s'appuyant, d'une part, sur la définition de Dieu, esprit infini, intelligence illimitée, qui possède la connaissance de tout ce que nous savons et de ce que nous ignorons et dont nous ne sommes que des fragments, des abstractions (1) ou des illuminations passagères, se fondant, d'autre part, sur ce principe, dont nous avons établi le sens et la valeur : *impossibile est ut is faciat, qui nescit quomodo fiat*, il conclut résolument que Dieu est l'unique moteur des corps et, par conséquent, la seule et véritable cause des émotions, des représentations et des pensées que paraît provoquer en nous le spectacle de l'univers.

Mais ce n'est pas seulement en ce sens que Dieu peut être dit l'auteur, le père ou même la substance de nos esprits ; car il y a dans notre âme bien autre chose que ce qui lui vient en apparence de l'expérience (2). Étudions donc les rapports de Dieu à notre entendement, considéré non plus comme uni à un corps, mais comme distinct de ce corps

---

(1) *Met. perip.*, Pars I. (II p. 288).

(2) « nihil esse in corrupto ingenio, quin prius fuerit in sensu » *Ann. ad met. perip.*, Pars I. § 2. (II, p. 305).

et rappelons-nous que c'est en partant des idées et de leur limitation, c'est-à-dire de l'imperfection de notre intelligence, que nous avons été amenés à poser nécessairement un esprit parfait, capable d'expliquer à la fois notre puissance de pensée et notre impuissance à penser l'infini, cause et principe de ce que nous pensons et de notre pensée même (1). Dieu est donc le créateur des esprits, si nous voulons bien, comme nous le recommande Geulincx, en considérant l'acte de la création, purger notre imagination des figurations grossières et inexactes par lesquelles nous nous le représentons, sur le modèle des procédés employés par l'industrie humaine, « *schema aliquod actionis et efficienciae* ». Quand on dit que Dieu a créé l'esprit humain, on veut simplement dire qu'il lui est logiquement antérieur, qu'il est nécessaire à son existence, qu'il explique, du fait de sa présence, les lois et les règles que seul il a pu lui imposer (2), puisque notre esprit les subit sans pouvoir en quoi que ce soit s'y soustraire ou les modifier. Dieu a créé les esprits, comme nous l'avons déjà indiqué, en posant des limites à certaines de ses perfections ; par là, il rend celles-ci étrangères à lui-même, en quelque façon ; il les pose hors de lui et cependant aussi il les retient par devers lui : il crée notre esprit en nous faisant part du sien, sans cependant l'aliéner et, par là, subsiste un lien entre lui et nous. En ce sens, on ne doit pas dire, Geulincx le déclare formellement, que les esprits sont des parties de Dieu (3) ; suivant une de ces comparaisons (4), ils ne sont

---

(1) *Ann. in Cart.*, (III, p. 374).
(2) *Met. vera*, Pars III., 12ᵃ Sc. (II, 198).
(3) *Met. perip.*, Pars I. (II p. 239) ; cf. *ann. in met.* (II p. 269-293).
(4) *Ann. ad met.* (II p. 208 ; cf. 287) ; *ann. in Cart.* (III pp. 376 et 379).

pas comme des parcelles de terre, limitées par des haies ou des barrières et dont la réunion ou le total constitue la campagne, ils sont plutôt distincts les uns des autres comme les terrains le sont par la multiplicité des cultures qui crée ici un champ, là un pré, là un verger ; ces parcelles, malgré leurs limites et la diversité de leurs aspects, appartiennent cependant au même terroir, dont elles ont le caractère général : c'est dans le même sens que nos esprits dépendent de Dieu, sans être cependant des parties de Dieu « *ita nos sumus ex Deo et in Deo* » et Dieu n'a pas été contraint de morceler son esprit pour créer les nôtres.

La création des esprits par l'esprit primitif paraît donc consister dans un obscurcissement progressif, dans la perte de certaines qualités, l'apparition de certaines restrictions. C'est ainsi que notre esprit, comparé à celui de Dieu, en diffère par le fait qu'il est privé d'action directe soit sur son propre corps soit sur la nature en général et parce qu'il est soumis aux affections de la sensibilité (1). Ces limitations ou ces retrécissements ont pu ne pas être de toute éternité ; car ils ne semblent pas découler nécessairement de la définition de l'Etre parfait ; d'ailleurs, l'expérience nous montre que nos pensées, nos représentations sont manifestement soumises au bon plaisir de Dieu ; souvent il nous les communique conformément à des règles certaines et à un ordre qui semble préétabli ; mais parfois il nous les distribue d'une manière qui nous paraît arbitraire (2). En ce sens, il est créateur libre de l'esprit humain et de ses modes.

---

(1) *Met. cera.*, P. III., 9ᵉ Sc. (II p. 196).
(2) *Ibid.*, ibid.; cf. *ann. ad met.* (II p. 299).

Dieu est aussi le créateur du monde corporel ; mais il ne l'est pas de la même manière. En effet, on voit assez bien comment l'Être suprême, qui est esprit, peut donner lieu à quelque chose de spirituel ; mais il n'a pas d'extension et l'on ne saurait comprendre par quelle production pourrait sortir de lui la substance étendue et ses accidents. Geulincx résout sommairement la difficulté en déclarant que, si l'étendue ne convient pas à Dieu dans le sens « formel » et si, sous ce rapport, Dieu ne peut être dit cause formelle du monde corporel, il la renferme « éminemment », en raison de son infinité et de sa toute puissance (1), ou même plus simplement en sa qualité d'esprit (*nota proprium esse menti aliquid eminenter continere*), de la même manière que le génie de l'architecte est la cause éminente de l'édifice qu'il bâtit, puisqu'il a la puissance de créer et bien qu'il ne contienne pas formellement la construction qu'il réalisera. La doctrine de la création du monde se ramène donc à ceci que, le corps étant par définition la chose qui ne pense pas, il n'a pas en lui-même la raison de sa propre création ou de sa propre existence (*qui nescit quomodo fiat, is non facit*); il ne peut être ni en soi, ni par soi, il n'est pas éternel ; il faut donc nécessairement poser un être antérieur au corps, capable de penser le corps et par conséquent de le créer ; en d'autres termes, le corps ne peut être conçu sans lois ; or il ne tire pas ses lois de lui-même et, seul, un esprit est capable de les lui donner (2). Produire le monde cor-

---

(1) *Ann. in Cart.* (III p. 382) ; cf. III p. 370-371.
(2) *Met. vera*, Pars II., 1ª Sc.(II p. 160 ; *ibid.*, 13ª Sc. (II p.178-179) et *ibid.*, Pars III., 12ª Sc. (III p. 198) Nous laissons volontairement de côté toutes les discussions et les distinctions de Geulincx sur les rapports de l'éternel et du

porel c'est donc proprement imposer au corps des limites et des lois et le mouvoir dans ces limites, conformément à ces lois (1). La création de l'univers matériel par Dieu n'est qu'une façon de signifier la dépendance de la nature physique par rapport à l'esprit omniscient et tout puissant, existant avec les choses qu'il comprend, qu'il fait naître en les comprenant et auxquelles il impose, par un libre décret, les lois de leur existence

Dieu meut le corps comme il l'a créé et pour les mêmes raisons, tirées de son infinie science, par opposition à l'inintelligence du monde étendu, du *brutum*. Ni un corps sans conscience de soi, ni même un esprit limité ne peuvent produire les lois du mouvement, telles que nous provoque à les concevoir hypothétiquement notre expérience du monde (2). Nous ne pouvons dériver le mouvement que de Dieu ; Dieu est non seulement le premier moteur, mais même le moteur unique, le moteur absolu (3) Dans l'univers, tout résulte d'un petit nombre de lois générales, auxquelles l'esprit suprême a assujetti les mouvements des corps, sans permettre, du moins quand il agit

---

temps, du corps et des corps, de la création et du mouvement. Nous n'entrons pas dans le détail des arguments par lesquels il refute Descartes lorsque ce philosophe prétend que Dieu a créé en même temps le monde matériel et son mouvement et essaie de montrer, au contraire, que le monde des corps a été créé avec la seule possibilité d'être mû et non avec le mouvement même. Nous ne voulons, dans cet exposé de la métaphysique de Geulincx, mettre en évidence que la toute puissance de Dieu, théorie dont l'importance en morale est tout à fait considérable.

(1) « Canones a mente pendent » *Ann. in Cart.* ; Pars I., art. 22 (III p. 381); cf. *Met. vera*. Pars II., 1ª Sc. (II p. 161).

(2) *Met. vera*, P. III., 5ª sc. (II p. 191) ; *Ann. in Cart.* Part. II, art. 36 (III p. 444-445) ; *Comp. phy.* p. 100-130.

(3) *Met. vera*, P. III., 6ª sc. (II pp. 189-190).

par les voies ordinaires, des exceptions ou des infractions, qui seraient ou bien indignes de sa sagesse, ou bien contradictoires avec sa puissance. Admettre que Dieu pourrait, à un certain moment, avoir égard à des utilités particulières, à l'avantage d'une créature privilégiée, c'est une doctrine insoutenable, qui dénote la bassesse d'âme de celui qui la défend ; c'est prêter à Dieu des calculs et des préférences incompatibles avec sa perfection et sa souveraine équité. Certes, Dieu agit en vue de fins ; car il est lui-même la fin de toutes choses : il rapporte toutes choses à soi ; la théologie recherchera donc légitimement les fins divines ; mais il se peut qu'elles nous soient toujours inconnues et, en physique tout au moins, des explications par les fins ne seraient que l'expression d'un utilitarisme anthropomorphique et grossier ; de telles considérations ne doivent pas trouver leur place dans la science (1).

Si les mouvements dans le monde matériel, aussi bien que la production des pensées dans les esprits, requièrent, comme cause, l'existence et l'activité de Dieu, il n'est pas jusqu'à la permanence des deux mondes matériel et spirituel qui ne réclame, comme condition nécessaire, l'efficience constante de l'Etre infini ; car, suivant la doctrine bien connue de Descartes, que reprend et approuve Geulincx, la conservation est une création continuée et par conséquent l'œuvre ininterrompue de la volonté immuable de Dieu.

---

(1) GEULINCX partage l'avis de DESCARTES : « nous rejetterons hardiment de notre philosophie la recherche des causes finales ; car nous ne voulons pas tant présumer de nous même que de croire que Dieu ait voulu nous faire part de ses conseils » DESCARTES, *Princ. Phil.*, 1<sup>re</sup> part., art. 28). GEULINCX, *ann. in Cart.*(III p. 388-389) ajoute seulement que nous connaissons la fin dernière, le dessein ultime de Dieu, qui est sa propre perfection. Dieu est l'amour de la nature, le but où elle tend.

Nous voyons, dans toutes ces théories de Geulincx sur Dieu et sur ses rapports avec le monde de l'étendue et celui de la pensée, que le philosophe maintient, avec une égale force, la dépendance de l'univers physique à l'égard de la toute puissance divine et l'union intime de nos esprits imparfaits avec la perfection de son entendement. Nous pressentons l'importance que prendront en morale ces deux thèses fondamentales.

L'affirmation de la causalité absolue de Dieu semble devoir amener Geulincx à reconnaître que, dans le monde en général, (c'est-à-dire dans la nature créée (1), ou encore dans cet ensemble formé, d'une part, des corps en mouvement et, d'autre part, de l'homme avec son organisme physique et son esprit), l'âme et le corps n'ont aucune action immédiate et réciproque, aucune influence directe l'un sur l'autre. Pour expliquer l'apparence de cette action et de cette influence on serait donc amené à un occasionnalisme comme celui de Malebranche, ou même, puisque Dieu contient en lui formellement la pensée et ce que nous pensons et éminemment l'étendue et les corps, à un panthéisme assez voisin de celui de Spinoza. Toutefois la solution de Geulincx n'est pas aussi simple ; elle montre peut-être un plus vif souci de tenir compte de notre conscience et de notre croyance immédiate. C'est dans la sensation, la perception et la connaissance que l'univers physique et notre organisme semblent agir sur l'esprit

---

(1) GEULINCX définit la Nature : le tout constitué par le principe créateur et les choses créés — éternelles ou temporaires — ; le monde se réduit à l'ensemble des créatures, les corps en mouvement et les esprits qui perçoivent ces mouvements ; *Met. vera*, Pars III., 4ᵉ Sc. (II p. 188); *ann. ad Met.* (III, 286); cf. LAND, *Geulincx u. s. Ph.*, p. 129.

humain. C'est dans nos déterminations et surtout dans nos décisions volontaires suivies d'exécution, que l'âme paraît opérer des modifications sur le corps et sur la matière en général. Or, en ce qui touche nos états de conscience, Geulincx expose, tout d'abord, que Dieu ne peut les faire naître en nous immédiatement ; car ils sont multiples et la simplicité de la substance divine ne saurait rendre compte de cette diversité ; Dieu ne peut non plus les produire par l'entremise de mon esprit ; car cet esprit est aussi une unité d'où ne peut émaner une multiplicité ; il faut, entre Dieu et la conscience humaine, un intermédiaire susceptible de changement et capable d'expliquer la variété et la mobilité de nos pensées. On ne peut concevoir le changement que dans l'étendue. Ce sera donc l'étendue qui fournira entre Dieu et nous le moyen terme que nous cherchons : c'est par l'intervention du mouvement corporel que Dieu nous révèle les pensées par lesquelles nous arrivons à connaître l'univers. Et cette théorie s'accorde bien avec l'expérience. Nos sensations nous apparaissent avec une durée : mais il n'y a pas de durée sans mouvement et par conséquent sans corps. Le corps est donc, suivant la formule même de Geulincx, l' « instrument » nécessaire pour faire naître en nous la pensée (1). N'allons pas supposer toutefois que les corps vont agir comme causes ; il semblerait bien plutôt qu'en parlant d'instrument (2), Geulincx ait simplement

---

(1) « Deus cogitationes illas in me suscitat interventu corporis cujusdam » met. vera, Pars I., 6ᵉ sc. (II pp. 150-152) ; cf. *ibid.*, Pars II., 12ᵉ sc. (II p. 177) : « Necesse ergo est ut instrumento diversis modis affectato utatur ». cf. *Ann. ad metaph.* (II pp. 181-182).

(2) « velut instrumenta non velut causae » *Met. vero*, Pars I., 8ᵉ Sc. (II p. 153).

Voir une note très importante de la *met. vera*, (*Ann. ad met.* III pp. 288-289) ; dans tout ce paragraphe, nous l'avons tantôt traduite tantôt interprétée, en essayant de lui donner toute sa signification.

voulu dire que la production de chacun des modes de l'étendue ait été pour Dieu l'occasion ou la condition nécessaire et suffisante de la manifestation de l'état intellectuel correspondant. Cette solution serait un peu grossière : Geulincx ne s'y arrête pas et, quoiqu'il déclare, entre temps, que la manière dont l'esprit divin produit en nous la pensée, par l'intermédiaire du corps, est incompréhensible ou « ineffable », il est cependant obligé d'imaginer une théorie plus compliquée et destinée à mettre mieux en lumière comment les pensées de notre esprit sont rattachées à l'intelligence divine. Il en arrive alors à établir que le monde physique, ses lois et ses mouvements nous sont connus clairement par les idées que nous trouvons dans notre intelligence, où elles dérivent, comme nous l'avons vu, de la perfection divine. Par une déduction méthodique, que nous expose Geulincx et dans le détail de laquelle nous ne pouvons nous attarder, nous tirons de ces idées le corps en soi, incompatible avec le vide, divisible à l'infini et, par suite, susceptible d'être animé par Dieu d'un mouvement intérieur des parties ainsi divisées ; de là nous pouvons passer, toujours déductivement, aux lois de la mécanique et enfin construire *a priori* le monde matériel, si bien qu'indépendamment même du témoignage de nos sens et des données de notre expérience, nous pouvons avoir une idée du monde, tel qu'il est en lui-même, d'après les notions innées que Dieu a, de toute éternité et nécessairement, déposées dans notre intelligence, qui en est constituée. Ce monde, il est vrai, est encore au point de vue logique, simplement possible, puisqu'il ne repose que sur une hypothèse ; mais Dieu a voulu que l'hypothèse se vérifiât ; pour nous prouver qu'il est véridique et qu'en nous fournissant les éléments de cette déduction, par laquelle nous

construisons la nature physique, il ne nous trompe pas, il
nous a permis de confronter les résultats de cette synthèse
avec les renseignements fournis par l'expérience. C'est
pourquoi il a créé deux mondes : le premier est nécessairement dans son entendement ; et, comme, en lui, entendement et volonté coïncident et que la volonté divine est
immédiatement suivie de réalisation, c'est ce monde qui
existe réellement, tandis que, d'autre part, il est présent à
notre esprit, sous forme d'idées innées, dont le développement donnera notre mécanique et notre physique ; le
deuxième monde n'existe qu'en nous, par la volonté de
Dieu ; c'est celui que constituent nos représentations sensibles, avec les émotions, les affections et les passions de
toutes sortes qui les accompagnent. Et, si entre ces deux
mondes il y a parallélisme, ce n'est pas, nous le voyons,
parce que l'un serait l'occasion de l'autre, mais parcequ'ils
expriment l'un et l'autre ce que contient l'entendement
divin (1). Telle est la nature de ce « pont jeté entre les pures
notions de l'intelligence et les sensations (2) » ou, ce qui
revient au même, entre la réalité du monde corporel et les
émotions ou représentations conscientes. Malgré ce parallélisme, il ne peut y avoir dans le monde réel tout ce que nous
croyons en percevoir par les sens. Lorsque les apparences
sensibles ne sont pas explicables par les idées claires et les
hypothèses de la physique déductive, nous pouvons affirmer
qu'elles ne sont que des modifications de notre sensibilité
et qu'elles ne correspondent pas à la réalité. Elles nous
indiquent qu'une chose existe, elles ne nous disent pas ce

---

(1) Cf, *Disputationes physicae*, passim et surtout II p. 154.
(2) Grimm, *Arnold Geulincx'Erkenntnisstheorie und Occasionnalismus*.
Iéna, 1875, p. 52.

qu'elle est (1) ; elles constituent des interrogations et non des réponses ; c'est à la raison qu'il appartient de chercher, par elle-même, à résoudre ces questions. Et encore nos façons de penser sont-elles bien loin de nous donner la connaissance absolue du monde tel qu'il existe en soi ; car nous ne devons pas oublier que notre esprit n'est pas tout l'esprit ; il n'en est qu'une limitation « *mens eousque... cum certo limite* (2) », et nous devons convenir que nous n'atteignons jamais rien absolument, mais seulement « *sub certo modo* (3) » ; l'être propre des choses ne peut être compris par notre intelligence, « quelque chose de divin nous en avertit sans cesse (4) ».

En résumé, la sagesse consiste à dire que les choses ne sont ni comme elles se présentent à notre sensibilité, ni même telles qu'elles apparaissent à notre intelligence (5). Et cette conclusion montre bien clairement que la connaissance ne résulte pas d'une action du monde physique sur l'esprit et, pour aller jusqu'au fond de la pensée de Geulincx, que les choses n'ont hors de l'esprit ni efficacité, ni même réalité. Adhérer aux représentations sensibles que

---

(1) *Phys. cera*, Introd. (II pp. 368-369) ; *Met. cera*, Pars III., 4ᵉ Sc, (II p. 189); *Met. perip.*, Intr., Sect. II intitulée « Pronitas humani mentis ad affigendum modos suarum cogitationum rebus cognitis (II, pp. 200-202) ; *Ann. ad met.* (II, pp. 283-289); *Log. rest.*, Pars IV, Sect. II, cap. VI, 4. 5. 6. (I. pp. 431-132); *ibid* cap. VIII, 4 (I. p. 435), cap. IX, 2. 3. 4. (I pp. 437-438) et cap. XII, 5. 6. (I, p. 443) ; cf. *ann. in Cart.* (III pp. 363-412).

(2) *Ann. ad met.* (II p. 286-287) ; cf. *ibid.* (II. 273) et *Metaphysica perip.* Pars I, (II p. 237).

(3) *Met. perip.*, Intr., Sec. III (II p. 207) ; cf. *ibid.*, Sect. I (II p. 199).

(4) *Ann. ad met.* (II p. 301).

(5) « Nos non debemus res considerare prout sunt sensibiles... neque· lut sunt intelligibiles.. Sed ut sunt in se non possumus eas considerare », *ann. ad met.*, (II p. 300) ; cf. *ibid.* (II p. 284).

nous en avons et aux mouvements passionnels qui les accompagnent, nous amènerait, en métaphysique et en morale, à de graves erreurs.

Nous ne nous tromperons pas moins si nous croyons qu'à notre tour, nous agissons réellement sur le monde matériel et même, tout d'abord, sur notre propre corps, celui-ci étant une partie intégrante de l'étendue universelle, liée aux modifications du tout par les lois du mouvement. Nous savons, il est vrai, par la conscience la plus claire, que, d'ordinaire, quand nous voulons que nos membres soient mûs, ils le sont effectivement ; mais nous ne comprenons pas comment cela se fait ; notre conscience ignore les moyens employés pour obtenir ce résultat, même si, pour essayer de les saisir, nous étudions l'anatomie (1). Nous chercherions vainement à expliquer avec clarté comment l'esprit humain, qui ne participe pas à l'étendue et qui ne la renferme pas « éminemment », pourrait créer du mouvement et le communiquer (2).

Je constate, en outre, que ma volonté de mouvoir mon corps subsiste parfois sans que le déplacement local correspondant se produise ; tel est le cas des paralytiques ; et inversement, comme cela a lieu par exemple dans les convulsions de l'épilepsie, le mouvement le plus violent peut avoir lieu, alors même que je ne l'ai pas voulu (3). Donc tout ce que je produis dans le sens plein du mot, tout ce qui ne dépend que de moi, c'est mon désir et l'organisation de mes idées en vue de le réaliser ; je suis le

---

(1) *Eth.*, Tract. I., Cap. II, Sect. II § 2, (III p. 32) et *ann. ad eth.*, (III p. 205-209) ; cf. *Comp. phys.* (pp. 110 et 223).

(2) *Ann. lat. in Cart.*, Pars IV., art 189, (III p. 519.)

(3) *Eth.*, Tract. I., Cap. II, Sect. II § 2 (III p. 32) ; cf. : *ann. ad eth.* (III p. 209).

maître de cette orientation de mes états psychologiques dans l'intérieur des limites de mon esprit : hors de moi, je ne puis rien (1), la production des mouvements corporels ne pouvant être attribuée qu'à un moteur suprême, dont la puissance l'emporte sur la mienne de toute l'infinité du savoir dont elle est le corollaire (2).

D'ailleurs, à considérer les choses sous un autre aspect, il y a une impossibilité presque aussi grande (3) à comprendre comment un esprit peut agir sur un corps qu'à admettre l'action d'un corps sur un esprit, puisqu'il n'y a, dans les définitions respectives des deux substances, absolument rien de commun et que nous ne pouvons avoir aucune idée claire de leur action réciproque (4). Donc ce ne peut être qu'en Dieu et en raison de son éminente causalité, que la pensée et la matière peuvent entrer en rapports ; de là il résulte que la communication des substances, et particulièrement l'union de l'âme et du corps, sont des choses incompréhensibles et ineffables comme l'est la sagesse de Dieu ;

---

(1) *Eth., ibid.* (III pp. 33-35) ; cf. : *Ann. ad Eth.*, (III pp. 211-213) et *Ann. ad met.* (II p. 297).

(2) *Eth. et ann. ad eth.*, ibid., sqq. Voir aussi *Met. vera.*, Pars I., 9ᵉ Sc. (II, p. 154) ; *ann. ad met.* (II p. 270). Dans les *ann. in cart.*, Pars II, art. 36 (III p. 445), nous trouvons un argument du même ordre mais plus précis ; le voici : Si le corps doit être mû, il existe un moteur différent de lui ; or, en dehors du corps, il n'y a que l'esprit ; donc le moteur sera spirituel ; mais tout mouvement matériel s'étend à l'infini à cause du nombre infini des particules que le moindre mouvement déplace ; ce mouvement infini requiert comme cause une puissance infinie. Il y a donc un moteur spirituel infiniment puissant qui ne peut être que Dieu. C'est ainsi que « motus omnis humanis mentibus tanquam auctoribus detrahitur ».

(3) *Met. vera.* Pars III., 12ᵉ Sc. (II p. 198).

(4) « Ubi nullam ideam vidimus, ibi non debemus statuere naturam... Hic autem nulla est idea quo modo corpus in animam agat et vice versa. » *Ann. ad met.*, N. B. (II p. 270).

tel est le sens que nous devons attribuer à cette expression un peu surprenante de Geulincx : « l'homme est le plus grand des miracles » (1).

Tout ce que nous pourrons dire consistera à affirmer l'impuissance radicale des esprits et des corps à produire d'eux-mêmes des mouvements, soit en nous, soit hors de nous. Nous croyons exercer sur notre corps, puis, par son intermédiaire, sur quelques parties du monde physique un certain empire ; mais, en réalité, ce pouvoir, c'est Dieu qui nous le prête, ou plutôt qui nous en laisse l'illusion, tandis qu'il imprime au corps les mouvements que nous voulons lui voir accomplir et que nous serions incapables de lui imprimer nous-mêmes ; il arrive même à Dieu de donner à nos désirs des conséquences tout à fait inattendues, comme dans le cas du paralytique ou de l'épileptique dont nous avons déjà parlé.

Pour mieux faire entendre sa théorie, dont les conséquences en morale vont être très considérables, Geulincx l'a illustrée de deux exemples. Il compare d'abord notre volonté à celle d'un petit enfant, qui souhaiterait voir s'agiter le berceau dans lequel il est couché. S'il arrive qu'à ce moment précis le berceau se mette à se balancer, « ce n'est pas parce que lui-même l'a voulu ainsi, mais parce que sa mère ou sa nourrice, qui veillent près de lui et qui (comme

---

(1) *Eth.*, Tract. I, cap. II, sect. II, § 2 (III p. 36) ; ann. ad *Eth.* (III p. 221 n. 51) ; *Disp. de humil.*, p. 328. ann. ad met. (II p. 307) ; *Disp. eth. de virt.* XIII. (III p. 280). Quant au mot *ineffabilis*, il est si fréquemment employé par Geulincx, à propos de ce genre de miracles ou de mystères, que nous ne pouvons indiquer toutes les références. V. surtout : *Met. vera.*, Pars III., 3ᵉ sc. (II p. 188) ; ann. ad met. (II pp. 287-288) ; *Eth.*, Tract. I, cap. II, Sect. II § 2 (III p. 35) ; ann. ad *Eth.* (III pp. 211-215, n. 29).

on le dit) ont le pouvoir de le faire, veulent le faire, lorsqu'il le veut (1). »Voici maintenant l'autre comparaison, devenue plus célèbre, parce qu'on la retrouve chez Leibniz, à peu près dans les mêmes termes : « Supposons deux horloges réglées de manière à s'accorder entre elles et aussi avec le cours du soleil ; lorsque l'une sonne et nous indique les heures, l'autre sonne d'une manière identique et nous indique le même nombre d'heures ; non qu'il y ait un rapport de causalité, en vertu duquel l'une produirait sur l'autre cet effet, mais bien parce que toutes les deux sont produites par le même art et la même industrie (2) ».

Ces deux passages, malgré leur clarté apparente, ne rendent pas cependant d'une manière assez précise la pensée de Geulincx et M. Land a eu raison de les critiquer, en se plaçant au point de vue même de l'auteur. Le premier présente un défaut et Geulincx lui aussi semble l'avoir reconnu : « *claudicat* », nous dit une note de l'*Ethique* ; si la nourrice agite le berceau, c'est parce que le petit enfant en manifeste le désir ; or Dieu ne meut pas notre corps ou un objet extérieur parce que nous voulons voir s'accomplir ce mouvement, mais bien parce qu'il en a ainsi décidé de toute éternité et que telle est la loi du monde matériel (3). Cette remarque que fait notre moraliste suffi-

---

(1) *Eth.*, ibid., §5 (III p. 39) ; ann. ad *Eth.* (III p. 211-212 et 227) ; *Disp. de humil.* p. 136. Ne pourrait-on pas trouver l'origine de cette comparaison dans une lettre de Descartes (à XXX, mars 1638, Ed. Adam, I. CXIII, t. II p. 37) « malgré le déterminisme des choses, nos appétits et nos passions nous dictent continuellement le contraire… nous avons tant de fois éprouvé dès notre enfance qu'en pleurant ou en commandant etc., nous nous sommes faits obéir de nos nourrices et avons obtenu les choses que nous désirions. »
(2) *Ann. ad met.* (II pp. 296 et 307) ; ann. ad *Eth.* (III pp. 212, 220 et 227).
(3) *Ann ad eth.* (III pp 227-228, n. 7).

rait à montrer que son système n'est pas l'occasionnalisme, dans le sens précis que conserve ce mot en histoire de la philosophie ; malgré les expressions nettement occasionnalistes qu'il emploie (1), nous voyons clairement, d'après toute sa doctrine, qu'il juge indigne de la sagesse et de la grandeur de Dieu, de sa toute puissance et de sa providence, des interventions incessantes, particulières et spéciales, en vue de faire correspondre aux manifestations de la volonté humaine les mouvements matériels qu'elle se proposait de produire. En d'autres termes, le Dieu de Geulincx n'est pas un *deus ex machina*, qui, par une série de miracles successifs, viendrait en aide à ma volonté défaillante. Le créateur des corps et des esprits manifeste sa volonté permanente d'accomplir ce que voit son infinie science par l'établissement immuable d'un ordre prédéterminé. Et, si Geulincx a parlé de miracle, à propos de cette communication des substances ou plutôt du parallélisme de leurs modes et, plus spécialement, à propos de l'union, chez l'homme, d'un corps approprié à l'esprit dont il est l'instrument, il entend par là, comme nous l'avons dit, le miracle général et continu par lequel Dieu a réalisé cette chose incompréhensible pour nous et qu'il nomme « ineffable » : mettre en harmonie deux choses qui n'ont rien de commun, la pensée et l'étendue (2).

Quant à l'exemple des horloges, on le trouve d'ordinaire plus convenable et plus exact ; nous ne le jugeons pas cependant irréprochable. Il tend à considérer le

---

(1) *Met. vera*, Pars I., 9ᵉ sc. (II p. 154) ; *Met. perip.*, Intr., Sect. II (II p. 205) ; *Ann. ad met.* (II pp. 285 et 289) *Ann. ad eth.* (III pp. 237 n. 3;) ; *Comp. phys.* page 124.

(2) Voir les références à la note 1 (p 50).

monde de l'étendue et du mouvement, d'une part, et, d'autre part, le monde de la pensée, avec les volitions qui l'expriment, comme deux mécanismes soumis nécessairement à des lois immuables et éternelles, si bien que leur concordance serait l'effet du déterminisme universel. Et, en effet, dans le passage que suit cette comparaison et qu'elle prétend expliquer, certaines expressions semblent bien souligner et fortifier cette interprétation. Non seulement nous y lisons : « *Deus solus auctor est... Uterque* (sc. *voluntas et motus*) *dependet ab eodem illo summo artifice* », mais encore ceci, qui est bien plus précis : « *qui motum indidit materiae et leges ei dixit, voluntatem meam formavit* » (1). Et cependant il semble bien que Geulincx n'ait pu affirmer une détermination absolue de nos volontés par la toute puissance divine ou un ordre éternel imposé par l'Être suprême à toutes nos décisions et à tous nos désirs. Admettons, en effet, avec lui, que les idées que nous trouvons en nous soient les manifestations de l'entendement de Dieu présent au nôtre, admettons encore que, conformément à la doctrine cartésienne, la véritable liberté de ma volonté consiste à adopter le parti que je connais le plus évidemment être conforme à la raison et que, par là, Dieu, se manifestant à nous comme raison, pèse sur nos déterminations volontaires, faut-il en conclure, comme le veut Ritter, (2) que « tenant nos connaissances de la science innée que Dieu a déposée en nous, nous dépendons de lui par notre être, notre pensée et notre volonté » ? Cette proposition dépasserait de beaucoup le sens des termes du passage

---

(1) *Ann. ad eth.* (III p. 212 n. 19).
(2) H. Ritter, *Histoire de la Philosophie moderne*, trad. Challemel-Lacour, Paris 1861, p. 139.

qu'il invoque (1). Nous ne nous rangeons pas toujours au parti qui est le plus raisonnable, et, si l'on veut qu'alors nous nous soyons trompés et que nous ayons pris pour un bien ce qui ne l'est pas, il faut mettre la cause de cette erreur ou bien en Dieu, ce qui n'est pas compatible avec la définition de l'infini et du parfait (2), ou bien en nous, ce qui revient à nous donner une initiative, ne serait-ce que l'initiative de notre attention. C'est ce qu'a admis Geulincx qui paraît même y avoir joint, dans sa morale, le pouvoir d'adhérer ou de ne pas adhérer librement à ce que l'ordre universel nous présente comme vrai, nécessaire et bon. Si tout l'univers matériel dépend de Dieu et que, par l'intermédiaire du mouvement, dans notre corps et dans le monde physique, nous n'accomplissons que ce qu'il a voulu et qui est conforme aux lois éternelles établies par son décret (3), s'il est notre père et la substance de notre esprit, cependant il nous a laissé la volonté, qui est bien à nous dans les

---

(1) *Met. vera.*, Pars III., 1ª Sc. (II p. 189) ; cf. dans les *ann. ad met.*, les notes correspondantes. Il n'y est nullement question de la détermination de nos volontés par l'esprit divin. Quant aux passages de la *Disp. de humil.*, p. 325-327, ils exposent la servitude essentielle de l'homme en général et, par là, ils restent assez vagues et presque en dehors de la question précise qui se pose ici ; car nous accordons pleinement au commentateur que tous les actes par lesquels l'homme traduit au dehors son activité sont strictement déterminés ; nous prétendons seulement que sa volonté est, en très grande partie, libre et autonome.

(2) *Eth.*, tract. I, cap. I § 2 (III p. 14) ; *ann. ad eth.* (III p. 166-167 n. 8 et 9); cf.: *Eth.*, tract., III § 2 (III p. 91) ; tract. IV § 1 (III p. 105). Dans les *ann. in Cart.* à propos des art. 23, 37, 41 etc., Geulincx, en présence de la contradiction que nous signalons et qu'il reconnaît, proclame le mystère, l'immensité de Dieu, le caractère ineffable de sa nature et de son action et notre propre ignorance.

(3) *Met. vera*, Pars I., 9ª Sc. (II p. 154) ; Pars III., 9ª sc. (II p. 196) ; *ann. ad eth.* (III p. 213).

limites de son domaine, c'est-à-dire dans son application à notre personne mentale : « *velle solum nobis relictum quod non ad mundum pertinet, sed ad nos ipsos; ita scilicet ut actio tota maneat in nobis* » (1). En dehors de ces considérations, il n'y aurait plus ni devoir, ni morale : Le méchant et l'homme vertueux n'accomplissent l'un et l'autre que les actes strictement conformes à l'ordre universel et à la sagesse divine. Si leurs décisions volontaires sont aussi nécessairement déterminées que leurs faits et gestes extérieurs, nous n'avons ni à les apprécier, ni à les qualifier et Dieu lui-même serait inique s'il les jugeait. S'ils diffèrent moralement — et il faut qu'il en soit ainsi, pour qu'il y ait une éthique et une religion —, ce ne peut être que sur un point : la volonté de l'homme de bien accepte l'ordre universel et y adhère ; celle du méchant, dans son ignorance ou sa malice, se révolte contre le décret divin, alors même qu'impuissant et misérable, il est contraint de le subir (2) et d'y collaborer malgré lui. Si j'ai médité un homicide et si je ne l'ai pas commis, c'est que Dieu s'y est opposé (3), c'est que cet homicide était mauvais ; donc ma volonté, quoique inefficace, a été contre l'ordre divin ; elle ne peut pas être considérée comme soumise au même déterminisme que les mouvements des corps. Les deux horloges de la comparaison ne sont pas deux mécanismes identiques. L'une, celle qui est l'image du monde matériel, obéit à un déterminisme physique inflexible et préétabli, l'autre a une

---

(1) *Ann. ad eth.* (III p. 213 et même 221) ; cf. *Eth.*, tract. I, cap. II, sec. II § 2 (III p. 36) ; *met. vera*, Pars III, 8ᵉ sc. (II p. 105).

(2) *Eth.*, tract. I, cap. I § 2 (III p. 11) et tract. III § 8 (III p. 102).

(3) *Met. vera*, Pars III, 8ᵉ Sc. (II p. 105) ; cf. *Eth.*, tract I, cap. II, sec. II § 2 et § 5 (III pp. 35-36 et 38-39).; *ann. ad eth.*, (III pp. 217 et 225-227).

spontanéité indéniable. Que l'être infini et tout puissant les ait créées toutes les deux et qu'il les conserve par un acte continu de sa puissance et de sa bonté, nous ne pouvons en douter ; mais, tandis qu'il soumit la première à des lois stables, il permit à la seconde une certaine liberté, qui est la caractéristique de la volonté humaine. Cette solution du conflit entre le libre arbitre humain et la toute puissance de Dieu, assez analogue à celle de Bossuet, laisse subsister la prescience divine. Même si nos décisions sont libres, Dieu n'en est pas surpris et il n'a pas à y conformer, après coup, l'ordre du monde : il les prévoyait et y a pourvu de toute éternité (1). Qu'une telle réponse à un problème aussi difficile soit encore obscure et ne serve qu'à soulever d'autres questions, nous le reconnaissons et Geulincx l'admettait volontiers ; il se réfugiait alors dans l'attitude qu'il trouvait la plus philosophique, en avouant l'ignorance humaine en présence du caractère ineffable de l'efficience divine. Nous ne connaissons pas les raisons du déroulement des choses hors de nous, des idées en nous et de leur mutuelle coïncidence, nous ignorons pourquoi Dieu nous a conviés à ce spectacle sans nous avoir consultés (2) et pourquoi il nous permet de ne pas toujours applaudir à l'œuvre de son infini sagesse, mais de lui refuser parfois notre admiration ou notre attention.

Ce que l'on peut affirmer, c'est que l'existence d'une liberté dans l'homme ne saurait diminuer la toute puissance de Dieu. Son immensité, son caractère ineffable, son activité sans limites dominent la métaphysique de Geu-

---

(1) *Met. vera*, Pars I., D° Sc. (II p. 151).
(2) *Eth.* tract I, cap. II, sec. II § 2 (III pp. 34 et 35).

linex, et son système tout entier. L'examen de l'idée de Dieu, telle qu'elle est en nous, la conscience que nous prenons de nous-mêmes, la connaissance que nous avons de l'univers nous ont uniformément amenés à conclure que Dieu est esprit, qu'il sait et qu'il veut (1), qu'il est même l'esprit sans limitation, l'intelligence parfaite, la volonté infinie. Comme intelligence, il est le principe des âmes, leur source commune ou plutôt leur substance ; il est sage ; bien plus il est l'unique sage ; car seul il a la connaissance intime et complète du monde spirituel et du monde matériel. Comme volonté, il est le moteur premier et le véritable moteur, c'est-à-dire qu'il a seul « l'efficace », par laquelle la pensée se traduit en mouvement, nous ne savons comme, et produit des effets ; c'est en ce sens qu'il crée et conserve notre corps et l'univers physique, qu'il adjoint à notre esprit, qui est une limitation de son esprit, un corps organique comme une sorte de vêtement (2) ou mieux comme l'intermédiaire et l'instrument (3) par lequel il nous présente la réalité extérieure, provoque nos hypothèses, puis confirme les déductions de notre intelligence ; c'est lui qui, cependant que nous nous déterminons nous-mêmes, met nos organes en mouvement, d'après des règles fixes et éternelles ; et à ces déplacements dans l'espace, il fait correspondre, dans l'univers physique, des modifications que nous avons l'illusion d'avoir produites nous-mêmes. C'est lui encore qui donne à chacun des différents corps des mouvements conformes aux lois de la mécanique et c'est lui qui, paral-

---

(1) *Met. vera*, Pars III., II<sup>e</sup> Se. (II p. 197).
(2) *Ann. in Cart.*, Pars IV., art. 189 (III p. 517).
(3) *Met. vera*, Pars I., 6<sup>e</sup> Se. (II p. 151).

lèlement à ces continuelles et régulières transformations de l'étendue, fait surgir dans ma sensibilité des représentations et des émotions. Auteur de toute communication apparente des substances, il est la cause de ce que l'on nomme l'union de l'âme et du corps : il est donc, en ce qui nous concerne, le maître de la vie et de la mort (1).

Quand il s'agissait d'expliquer l'existence et la multiplicité des esprits, il suffisait de supposer l'intelligence de Dieu (2) ; mais quand on veut rendre compte de la création du monde matériel, il faut faire appel à sa volonté. Et cependant, considérant que l'esprit divin doit être infini, Geulincx reconnaît et déclare qu'il ne peut être tel que si l'on efface, quand on parle de lui, toutes les différences qui séparent les modes de la pensée chez les êtres finis. Si, dans l'esprit de l'homme, il y a une volonté distincte de l'entendement, tantôt déterminée par lui, tantôt réfractaire à ses lumières, tantôt plus audacieuse que lui et suppléant à ses indécisions, en Dieu, la volonté infinie suppose l'entendement parfait (3), et la perfection de l'entendement entraîne l'acquiescement immédiat et la décision de la volonté ; la vérité est activité, la connaissance est création ; l'intelligence et la volonté sont une seule et même chose. Geulincx appelle cette unité

---

(1) *Met. vera*, Pars III., 8ᵉ Sc. sous ce titre : « Ille est dominus necis » (II pp. 194-195); cf. *eth.*, tract. I, cap. II, Sect. II § 2 (III pp. 33 et 35) et les notes afférentes à ces deux passages.

(2) *Ann. ad met.* (II p. 286) ; *Met. vera*, Pars III., 2ᵉ Sc. (II p. 188).

(3) *Ann. in Cart.*, Pars I., art. 23 (III p. 384) : « In Deo enim nulla possunt esse distincta; nam distincta ad se invicem limitantur, ac sic imperfectionem aliquam involvunt » ; cf. *Met. vera*, P. III., 11ᵉ Sc. (II p. 197).

spirituelle : la raison ; et, dans ce concept, il concilie, en apparence tout au moins, les deux attributs de Dieu, dont le conflit domine la théologie, la sagesse absolue et la toute puissance (1).

Examinons cette opposition sous un autre aspect. Lorsque la raison divine se détermine à l'action et que l'action s'en suit, peut-on la considérer comme libre ? La création envisagée soit dans son ensemble, soit dans ses détails, s'imposait-elle, au contraire, nécessairement à Dieu ? Geulincx définit la liberté comme l'état d'un être qui se détermine à agir sans y être forcé par aucune contrainte, « *nulla necessitate compulsus* » et il en conclut immédiatement : « Dieu n'est pas libre en toutes choses » *Deum non circa quaevis liberum esse* (2). Cependant, dans ce même passage et dans beaucoup d'autres, il considère Dieu comme agissant selon son bon plaisir — par exemple lorsqu'il fait naître en nous des émotions ou des représentations, quand il produit les phénomènes que nous regardons comme des effets du mouvement, dans la formation de l'homme, par l'adjonction du corps à l'âme, dans les communications de la pensée et de l'étendue (3), dans la création de l'univers physique. L'homme et le monde sont, pour Geulincx, des choses contingentes, qui auraient pu ne pas être et qui pourraient ne pas subsister ; d'après lui, Dieu peut nous laisser exercer librement nos volontés (4), ou nous les changer, s'il le juge

---

(1) « Hoc videbit qui volet Rationem esse veram imaginem Divinitatis... *Log. rest.*, Pars IV<sup>e</sup>, Sect. II, cap. XII (I p. 143).
(2) *Met. vera*, Pars III., 7<sup>e</sup> Sc. (II p. 193).
(3) *Ibid* ; cf. *Ann. ad eth.* (III p. 220, n. 17).
(4) *Eth.*, tract. I, cap. II, sect. II, § 5 (III p. 39).

bon (1) ; il pourrait, s'il lui plaisait, nous donner une image du monde extérieur par un tout autre moyen que par l'intermédiaire de notre corps (2). Mais ce qui échappe au libre arbitre divin, ce sont des propositions voisines du principe d'identité ou encore les vérités mathématiques qui lui sont imposées par la nature même de son intelligence (3) ; ailleurs encore, il nous montre la volonté de Dieu ayant pour unique office de rendre efficaces les lois prescrites aux choses conformément à leur nature par son intelligence suprême. Il semble qu'il y ait là quelque contradiction ou, tout au moins, quelque obscurité ; mais si on admet, comme nous venons de le montrer, que la distinction entre volonté et entendement n'a aucune signification quand il s'agit de l'être infini, qu'ici il ne saurait être question ni de primauté, ni d'antériorité chronologiques ou logiques, on ne peut plus parler, à propos de Dieu, ni de libre arbitre, ni de nécessité. Le bon plaisir de Dieu ne peut être arbitraire : il est l'ordre permanent de l'univers, le décret éternel qui le régit ; et la nécessité d'une loi du monde ou d'un principe ne se comprend que si elle est rationnelle au point de vue de l'entendement divin, c'est-à-dire conçue et admise par lui. Dieu dépend de sa nature ; mais il ne dépend que d'elle et elle ne dépend de rien autre ; or n'est-ce pas là la définition même de la liberté et Geulincx n'a-t-il pas eu pleinement raison d'inscrire cette phrase comme titre d'un des chapitres de sa *Métaphysique* : « *Deus est liber et sui juris* (4) » ? Dire qu'il ne peut pas vou-

---

(1) *Met. vera*, Pars III, 8ᵉ Sc., (II p. 193).
(2) *Ann. ad met.*, (II pp. 285-286).
(3) *Met. vera.*, Pars III., 7ᵉ Sc. (II p. 194).
(4) *Ibid.* (II p. 193).

loir ne pas être (1), qu'il est obligé à être et à être ce qu'il est, c'est simplement proclamer son éternité. Dire qu'il n'a pas pu créer *ex nihilo* (2), ce n'est pas non plus poser une limite à sa toute puissance ou à sa liberté, car la matière, qui s'est imposée à lui comme une condition nécessaire, quand il a voulu créer, ne peut être qu'une manifestation de sa substance, c'est-à-dire une de ses propres perfections passant à l'acte; ces nécessités n'existent que de son plein consentement; sa sagesse infinie les comprend (3); mais, pour elle, les comprendre, c'est aussi les produire : Dieu ne peut être sans créer; car, pour lui, penser et agir sont un seul et même acte; il ne peut avoir été avant d'avoir créé.

Donc, chercher pourquoi Dieu s'est décidé à créer, ce serait se demander pourquoi il s'est décidé à penser, pourquoi il s'est décidé à être, pourquoi il est; il est bien évident que c'est en raison de son infinie perfection, celle-ci ne pouvant être empêchée d'exister par aucun obstacle, par aucune contradiction, par aucune insuffisance. Quant à vouloir expliquer pourquoi il a créé le monde tel qu'il est, pourquoi il s'est décidé à former et à mouvoir l'étendue ou le corps universel qui l'occupe, à diviser celui-ci en corps multiples, pourquoi il s'est limité et diversifié lui-même en esprits particuliers, pourquoi il a établi entre le développement du monde de la pensée et celui du monde de l'étendue un parallélisme presque constant, pourquoi enfin tantôt il nous laisse la liberté de nous décider, dans un monde entièrement soumis à sa volonté et aux lois nécessaires

---

(1) *Ibid.*, ibid.
(2) *Ibid.*, Pars III., 12ᵉ Sc. (II p. 198) ; *Ann. ad met.* (II p. 300).
(3) *Met. vera*, Pars III, 6ᵉ Sc, (II p. 192) ; 12ᵉ Sc. (II p. 198).

qu'il lui a données, tantôt il nous la supprime (1), tantôt il permet aux passions de nous séduire, tantôt il rend efficace notre bonne intention, c'est se poser une série de questions qui sont insolubles parce qu'elles portent sur des choses inaccessibles à notre science (2).

Geulincx ne dissimule jamais son désir de tout soumettre à l'examen de la raison (3) et de tout expliquer scientifiquement ; l'univers, pour être connu d'une manière satisfaisante et claire, devrait donc être ramené à l'unité et déduit logiquement d'un principe premier d'où il tirerait à la fois sa substance et la loi de sa production ; cette tendance, qui est manifeste chez notre philosophe, l'aurait entraîné sans doute à un monisme (4), à une philosophie analogue à celle de Spinoza et qui, comme elle, mériterait, selon le point de vue, le nom d'athéisme ou d'acosmisme. Mais il est arrêté dans cette déduction ou dans cette réduction à l'unité, par tous les faits que nous venons d'énumérer ; ils

---

(1) Comparez entre eux ces deux passages : « vis enim facere quod ipse vult » (sc. Deus) *Ann. ad Eth.* (III, p. 166), et : « velle solum nobis relictum » *ibid.* (III p. 213); ou encore : « Nihil obstat quin obluctemur voluntati ejus » (sc. Dei) *ibid.* (III p. 167).

(2) Geulincx insiste sur ce point qu'il ne faut pas trop chercher à comprendre comment s'accorde notre liberté avec la toute puissance de Dieu et, comme le disait Descartes, (*Principes* l. I, art. 1o) « que ce serait nous embarrasser en des difficultés très grandes, si nous entreprenons d'accorder la liberté de notre volonté avec ses ordonnances ». V. *Ann. ad met.* (II p. 269) et *Ann. in Cart.* (III. pp. 393-394, n. 40 et 41).

(3) « Enimvero nihil est tam magnum, sublime, sanctum, quod non aliqua ratione, Rationis examini subjiciatur ». *Eth.*, tract. I, cap. II, sect. 1, § 1 (III p. 18).

(4) Cf. LAND, *op. cit.*, p. 120 : « De ce que Geulincx se range contraint et forcé au dualisme cartésien, cela ne veut pas dire qu'il n'aurait pas donné, comme nous tous, sa préférence au monisme... En fait, il cherche à s'en approcher le plus possible ».

semblent inexplicables et, d'autre part, ils doivent être tenus pour indubitables ; car ils nous sont donnés par l'intuition intime, qui ne peut nous tromper, ou par la science fondée sur les lois divines ; et Dieu ne peut être accusé de mensonge.

Confessons donc notre ignorance : nous voyons ce que Dieu a fait, mais nous ne savons pas comment et pourquoi il a pu le faire (1). Et Geulincx s'élève contre la prétention de ceux qui veulent connaître absolument l'essence divine ; il juge cette tentative stérile, téméraire et impie ; car, si nous comprenions Dieu, nous n'aurions aucune raison de l'adorer : c'est l'« ineffabilité » de Dieu qui conduit à l'adoration (2) ; nous louons les œuvres de Dieu pour ce que nous y découvrons de bonté et de sagesse ; mais la certitude que nous avons de ne pouvoir jamais les comprendre nous frappe d'admiration et de « stupeur » (3). Nous nous abîmons en cette immensité, le rationalisme fait place au mysticisme.

## 3. — *L'IMPERFECTION RADICALE DU « BRUTUM »*

En face de l'infinité et de la toute puissance divines, plaçons le monde des créatures et essayons d'en déterminer la nature et la valeur. Et d'abord, considérons l'univers matériel, c'est-à-dire l'ensemble des corps bruts, ce que Geulincx se plaît à appeler la *brutalitas* ou le *brutum*.

---

(1) *Ann. ad met.*, (II p. 287) ; *Ann. ad ethicam*, (III p. 167) ; *Ann. in Cart.*, Pars I, art. 19, (III pp. 375-376).
(2) *Ann. ad met.*, (II p. 288) ; *Eth.*, tract. II, Pars III. § 10 (III p. 83 sqq).
(3) *Eth.*, Tract II, Pars III. (III p. 84) ; *Met. vera*, Pars III., 3e Sc. (II p. 188).

Même pour le moraliste, il n'est pas sans intérêt d'examiner de près l'univers physique ; car, en somme, notre corps est, pour Geulincx, une partie de cette nature extérieure en rapport avec l'ensemble et soumise aux mêmes lois ; or, on ne peut nier l'influence de l'organisme sur les dispositions de l'âme et la conduite de l'homme, de sorte que les problèmes moraux et éthiques supposent résolues les questions naturelles et physiques : « *res morales et ethicae supponunt res naturales et physicas* » (1).

Le corps paraît au sens commun avoir pour qualité d'être tangible ; c'est là une affirmation qu'il faut combattre ; car elle est inexacte et grosse de conséquences dangereuses. Si, en effet, on définit le corps ce qui peut être touché (2), tandis que l'esprit ne peut pas l'être, comme on remarque bien vite que certains corps tombent plus difficilement que d'autres sous le tact et que quelques-uns échappent presque complètement à ce sens, on en arrive à affirmer qu'il n'y a entre le corps et l'esprit qu'une différence de degré (3). Or, si en disant que le corps est « palpable », on est dans le vrai (4), on n'exprime pas par là l'essence de ce qui est corporel, on en indique une manière d'être par rapport à notre sens du tact, ou même une simple possibilité ; mais, pour que la qualité tangible du corps soit donnée, il est nécessaire de lui supposer une autre qualité fondamentale, qui est l'étendue. On ne touche et même on ne peut toucher

---

(1) *Ann. ad eth.*, (III p. 168).
(2) *Phys. vera*, tract. I, (II p. 386) ; *ibid.*, (II p. 370) ; *Comp. phys.*, pp. 7 sqq. 28 sqq. ; *Met. vera*, Pars II., (II p. 158) ; *ibid.*, 18ᵉ Sc. (II p. 181) ; *Met. perip.*, Pars II, § 8 (II p. 262).
(3) *Phys. vera*, tract. I (II pp. 370-371) ; *Met. vera*, Pars II., 18ᵉ Sc. (II p. 160).
(4) *Met. vera* Pars II. (II p. 159).

que ce qui est étendu. Posez l'étendue, et vous avez le corps là ̃ible ; enlevez l'étendue et le corps disparaît. Le corps est donc étendue et n'est qu'étendue : l'étendue est la substance des corps, d'où nous tirons cette conséquence très importante que l'esprit, substance pensante, et le corps, substance étendue, n'ont rien de commun, si ce n'est le fait d'être des substances. Par là nous voyons aussi que cette substance est « essentiellement simple », ce qui revient à dire que, dans le corps considéré en soi, il n'y a pas nécessairement des divisions et que, s'il est divisible, il n'est pas divisé. Les divisions de l'étendue ou du corps en général sont donc le résultat d'une opération de l'intelligence ou, comme dit Geulincx, d'une abstraction, en prenant cette expression dans son sens étymologique (1). Donc les corps particuliers ne sont pas des parties réelles, mais des modes du corps véritable, qui est essentiellement simple et indivisible, qui remplit l'espace illimité et qui est la totalité du monde infini (2). A parler rigoureusement, les objets qui nous entourent et notre organisme lui-même ne devraient pas être appelés des corps, mais des « choses corporelles, *corporea* ». (3)

Le mouvement, d'autre part, ne pouvant avoir lieu que par un déplacement des parties de l'étendue, il ne se produirait pas dans un espace non divisé en parties ; il suit de

---

(1) *Met. perip.*, Pars I, § 8 (II p. 237) ; *Ann. in Cart.* (III p. 392) ; *Ibid.* (III p. 403).

(2) V. outre la II<sup>e</sup> Partie de la *Met. vera* (II p. 158 à 185) : *Ann. in Cart.*, 1<sup>re</sup> partie (III p. 105 art. 63), 2<sup>e</sup> partie, articles 7, 11, 13, 21, 22 (III pp. 430-433, 438, 439) : « Mundus.. Idem est quam corpus universum. Mundus proprie dictus non est aliud quam corpus in motu » ; cf. : *Phys. vera*, Intr., (II p. 368 et 369) : « Mundus est corpus in motu ».

(3) *Met. perip.* Pars I, § 8. (II p. 237) ; *Ann. in cart.*, Pars II, art. 13 (III p. 433).

là que l'étendue, ou corps, ne possède pas en soi et par soi le mouvement ; on peut très bien concevoir les corps sans mouvement ; ils n'ont que la possibilité de l'acquérir ; ils n'ont pas de force active, mais seulement une sorte de capacité passive, qui permet qu'une partie soit éloignée des autres, ce qui rend possible le mouvement (1). Le corps s'étend, d'ailleurs, à l'infini ; car il serait absurde et contradictoire d'assigner à l'étendue (2) des limites, au-delà desquelles il n'y aurait pas d'étendue. Pour la même raison, il ne saurait y avoir un vide, ni hors de l'étendue, ni entre les parties de l'étendue (3).

Ainsi les objets qui constituent ce que nous nommons le monde physique sont dépourvus en eux-mêmes de toute substantialité et de toute activité ; ils se réduisent à n'être que le résultat d'une opération que fait l'esprit en partant du concept de corps essentiellement et simplement étendu et inerte. Descartes avait montré qu'il n'y a dans le monde matériel que la figure et le mouvement et qu'avec ces deux modes de l'étendue, on peut expliquer toutes les apparences sensibles et la série des changements que nous présente l'univers physique ; il avait rejeté de la mécanique et de la science en général les propriétés spécifiques, les puissances occultes que la scolastique attribuait aux choses. Geulincx, comprenant toute l'importance de la méthode cartésienne

---

(1) *Comp. phys.*, p. 102 sq : « Itaque in natura corporis nulla apparet vis quae moveat, sed tanquam aliqua vis passiva qua moveatur. » *Met.*, Pars II., 11ᵃ Sc. (II p. 126) ; *Ann. in meta.* (II p. 280). ; cf. : *ann. in Cart.* Pars I, art. 11 (III p. 307).

(2) *Met. vera.*, Pars II., 3ᵃ sc. (II p. 161, sqq.).

(3) *Met. vera.*, Pars II., 4ᵃ Sc. (II p. 163, sq.). cf. : *Comp. phys.* 14 ; *Phys. vera*, tract I., Proprietas 3ᵃ (II p. 372-373) ; *ann. in cart.*, II part., art. 16. (III pp. 433-434).

et la rigueur de ses démonstrations, a brillamment repris la campagne de son maître contre les entités de l'Ecole, contre toutes ces conceptions, encore en honneur à son époque, où des mots masquaient à peine le vide de la pensée et l'indigence des explications ; la verve de ses attaques contre « Pantomimus », le génie des allégories, et contre les autres géants de la métaphysique, de la logique et de la physique alors en vigueur, a puissamment contribué à rendre ridicules ceux qui continuaient à admettre et à enseigner les qualités occultes et les formes substantielles (1).

Geulincx va bien plus loin. Développant une théorie qui était en germe chez Descartes, il enlève aux corps toute efficience ; en raison de l'inconscience qui leur est essentielle, il refuse, en effet, comme nous l'avons montré, de voir en eux les véritables causes du mouvement qu'ils paraissent communiquer aux autres corps, à nos organes, à nos nerfs, à notre cerveau, à nos sens et, par suite, à notre âme. Dieu, seul auteur du mouvement, est l'unique cause qui le transmet et le vrai principe de tout ce qui en résulte dans le monde de l'étendue et dans celui de la pensée. On peut dire assurément que les corps se communiquent le mouvement, que l'un en perd la quantité que l'autre en reçoit, mais à la

---

(1) « Pantomimus nous a fabriqué de toutes pièces les exigences de la nature avec leurs résultats, la noblesse et la bassesse des essences, les sympathies et les antipathies et les intelligences dans les choses... Il nous a persuadés que la matière désire les formes et que celles-ci, à leur tour, désirent la matière, que l'eau exige le froid et que les pierres veulent graviter, que c'est de bon gré qu'elles tendent vers le bas, que seule la violence les dirige vers le haut et les y maintient. ». *Oratio* I, (t. 1 p. 23, n. 1). Geulincx montre le ridicule de ces explications. La procédure contre Pantomimus constitue la plus grande partie du discours d'inauguration des *Saturnales* (t. 1. *Orat.* I, de la p. 13 à la p. 26).

condition de ne pas entendre par là qu'ils le produisent ou qu'ils en provoquent par eux-mêmes soit l'apparition, soit la disparition, soit les transformations régulières (1). Et cette doctrine de Geulincx ne tire pas sa véritable origine de la considération de la toute puissance divine ou de la difficulté d'admettre une action directe de la pensée sur l'étendue ; le point de départ logique doit en être cherché dans la définition qui pose le corps comme une substance purement et simplement étendue et dont la nature, en raison de ses attributs essentiels, exclut toute pensée ; le *brutum*, privé de raison et de conscience, se présente comme la plus grande des imperfections ; c'est cette imperfection qui s'oppose à ce que le corps soit en soi et par soi. Le corps, et nous désignons ainsi, comme Geulincx, l'étendue en général, n'a pas existé de toute éternité ; car l'éternité ne peut bien évidemment appartenir qu'à ce qui est premier dans l'ordre de la production, où à ce qui est de telle nature qu'aucune science ne peut être supposée antérieure à son existence et nécessaire pour qu'il soit ; or le corps, dépourvu de toute connaissance, n'a pu être premier par rapport à rien et il n'a pu rien produire ; ses lois et lui-même exigent une science qui précède celle du corps et un esprit possesseur d'une telle connaissance. Le corps, ou étendue indivisée et immuable, est donc la production nécessaire de la sagesse de l'Esprit infini (2), comme les corps multiples, divers et mobiles en sont les créations arbitraires (3).

---

(1) *Met. vera*, Pars III., 4ᵉ Sc. (II p. 188 sqq.).

(2) *Ibid.* Pars II., 1ᵉ Sc. (II pp. 160-161) ; cf. : *Ann. in Cart.*, Pars I., art. 21 (III p. 381).

(3) « Quod mundus sit, sol, terra ceteraeque ejus partes, nosque homines, nulla horum ratio, nulla demonstratio, nulla scientia ; totum hoc est quia Deo sic placuit » *Met. perip.*, Pars II., § 8, (II p. 261).

Telle est l'imperfection de la matière ainsi analysée que, toute créature qu'elle est, il n'a pas paru possible à Geulincx de la concevoir comme présente dans l'entendement divin. Ce qui s'oppose à la réduction du Corps unique et universel à l'esprit de Dieu, c'est que le Corps est privé d'intelligence ; « la *brutalitas* est la plus grande des imperfections ». Et, s'il est possible de considérer, en général, les imperfections des créatures comme des limitations ou des négations partielles de la perfection divine, cette imperfection si considérable de la matière étendue amène notre philosophe à donner raison aux écoles platoniciennes qui l'ont tenue pour très voisine du néant (1), Dieu et les choses éternelles ayant seuls la véritable existence (2). Le moraliste n'éprouvera donc aucun scrupule à négliger la nature physique, à mépriser et à humilier son propre corps, ou, tout au moins, à considérer les actions corporelles et les mouvements dans l'étendue comme des choses sans importance, dépourvues de signification et, pour ainsi dire, de réalité.

## 4. — *L'IMPUISSANCE ET LA SERVITUDE DE L'HOMME*

L'homme paraît tout d'abord appartenir par son corps au monde matériel. En effet, si j'en crois ma conscience, j'ai un corps ; c'est par mes organes, intermédiaires entre

---

(1) *Ann. in Cart*, Pars I, art. 23 (III p. 383-384) « Corpus enim universum est res bruta, omni destituta cogitatione ; hic limitatio, hic imperfectio ejus est et quidem summa imperfectio brutalitas. Quod etiam, quasi per nebulam, vidisse videntur scholae, quae materiam (id est naturam corpoream) in infimo gradu perfectionis collocaverunt, et proximam nihilo esse voluerunt ».

(2) *Met. vera*, Pars II., 13ᵉ Sc. (II p. 170) : « Deus, seu res eternae, proprie solum simpliciter quae sunt ».

l'univers physique et mon esprit, que j'éprouve des émotions, que j'ai des représentations et que j'acquiers aussi des connaissances et des idées. Mais une réflexion plus attentive sur moi-même va m'amener à des considérations plus exactes.

Quelle que soit la force de la croyance qui me porte à m'attribuer la possession de mon corps, « je sens clairement que je ne l'ai pas fait et que je ne pourrais rien faire de semblable » (1). C'est déjà un argument suffisant pour dire qu'il n'est pas mien. Il fait certainement partie du monde physique, puisqu'il est régi par les lois du mouvement et qu'il subit l'action des objets extérieurs ; mais il ne m'appartient pas, puisque, malgré les apparences, il n'obéit pas vraiment à mes ordres et n'est pas plus soumis à ma volonté que ne le sont les corps physiques que je ne nomme pas miens. Je crois, il est vrai, que mon corps s'agite à mon gré : ma langue se meut quand je veux parler, mes jambes quand je veux marcher ; mais je ne suis ni cause, ni auteur de ces mouvements (2). En chercherons-nous la preuve ? J'ignore comment toutes ces modifications se produisent ; je ne sais par quel processus le mouvement de ma pensée modifie mon cerveau et passe de là à mes nerfs, à mes muscles et à mes membres ; si j'en apprends quelque chose, ce n'est pas par la conscience directe, mais par l'expérience : Or « l'expérience n'est pas la science de celui qui agit, mais de celui qui contemple » (3) ; c'est le spectateur et non le créateur qui connaît *a posteriori*. D'ailleurs mes mouve-

---

(1) *Eth.*, Tract. I, Cap. II, sect. II, § 2 (III pp. 31-32) ; cf. les notes correspondantes et *Met. vera*, Pars III, 1ª Sc. (II p. 187).

(2) *Ibid.*, ibid.

(3) *Ann. ad eth.*, (III p. 208).

ments corporels sont limités indépendamment de ma volonté et même contre mon gré. De même que, malgré l'opinion vulgaire, je ne puis, à parler rigoureusement, dire que « je fais des lettres d'écriture, une peinture, du pain, une brique, un banc, une table, un soulier, un habit » (1), de même, « quand je suis accablé de fatigue ou plutôt qu'à mon insu la paralysie a envahi ma main ou mon pied, je me comporte vis-à-vis du mouvement de la même manière que lorsque j'étais bien portant, autant du moins que je le puis pour ma part, et cependant le mouvement ne suit pas » (2). Nous savons que nous ne sommes les maîtres ni de la naissance, ni de la mort, pas plus des nôtres que de celles d'autrui. Ainsi ce que j'appelle mon corps n'appartient pas davantage à ma vraie personnalité que le ciel, la terre, les mers ou les fleuves ; je le nomme mien, parce qu'il est avec moi dans un rapport plus immédiat que les objets soi-disant extérieurs ; mais il n'en est pas moins très étroitement rattaché au monde matériel, dont je sais que je ne fais partie en aucune façon (3). Geulincx affirme si nettement, comme nous l'avons vu, la distinction essentielle du corps et de l'esprit en général, il la maintient sans cesse avec une telle fermeté, qu'entre les deux aucune communication ne semble possible et aucune action réciproque n'est intelligible. Que les corps se rencontrent et se choquent, leur choc ne peut m'atteindre ; car le mouvement n'a lieu que dans l'espace, où n'est pas située ma pensée, dont la définition est incompatible avec celle de l'étendue :

---

(1) *Eth.*, tract. I, cap. II, sect. II § 2 (III p. 33).
(2) *Ibid.*, (III p. 32).
(3) *Ann. ad eth.*, (III p. 201) : « *Corpus meum* pars hujus mundi est ... *ego* vero minime pars hujus mundi sum »

il n'est pas davantage possible de soutenir que l'esprit soit
« dans le cerveau ou dans une quelconque partie du
corps » (1). De telles expressions ne peuvent avoir aucun
sens ; elles signifient simplement que l'un paraît exercer
sur l'autre certaines actions et en subir réciproquement (2) ;
mais c'est là une façon de parler tout à fait inexacte,
conforme seulement aux apparences et très éloignée de la
vérité.

Ce n'est pas le corps qui constitue l'homme ; mais ce
n'est pas non plus l'esprit dans sa pureté ; si je suis un
individu, c'est par la présence d'un corps, que j'appellerai
mien, à côté de mon esprit : « l'homme est un esprit incor-
poré, *mens incorporata* » (3). Il faut même reconnaître que
le corps est antérieur à l'homme, puisque, pour le constituer,
Dieu a, en quelque manière, revêtu l'esprit d'un vêtement
corporel (4) et que l'existence du composant doit nécessairement précéder celle du composé ; si bien que l'on ne doit
pas dire : l'homme est un corps avec un esprit, dans le sens
où Aristote considérait l'esprit comme l'acte du corps, mais
bien : l'homme est un esprit avec un corps (5). Ceci revient
à proclamer la limitation de l'homme, sa dépendance et
son état permanent d'absolue servitude.

D'abord, l'incorporation qui me fait homme est l'œuvre

---

(1) « Mens nostra proprie nullum locum occupat ; unde, si proprie loquen-
dum sit, non magis est in cerebro quam in calcaneo» *Ann. in Cart.*, Pars IV.,
art. 158 (III p. 512).

(2) *Met. vera*, Pars I., 9ᵉ et 10ᵉ Sc. (II p. 151) ; « Id enim est hominem esse,
a corpore aliquo pati et vicissim in corpus illud agere ».

(3) *Met. perip.*, Pars I., § 3., (II p. 220).

(4) *Ann. in Cart.*, Pars IV., art. 158, (III p. 512).

(5) *Ibid.* « Etiamsi homo mens sit cum corpore, non licet tamen hoc
invertere et dicere hominem esse corpus cum mente ».

de la volonté ou même du bon plaisir de Dieu. Il est notre père, dans la plus haute acception du terme, puisque c'est lui qui arbitrairement rapproche une partie du corps qu'il a créé d'un mode de son esprit, pour en former la personne humaine. Notre être dépend donc de lui, à la fois par les éléments qui le constituent et par la manière dont il a été produit. Mon esprit lui-même n'a aucune réalité en soi ; il n'existe que par sa participation à l'esprit divin, qui en est la substance ; il n'est pas éternel, puisqu'il n'est pas premier dans l'univers et il n'est pas premier, puisqu'il est naturellement passif ; il pâtit même effectivement, soit qu'il reçoive directement de Dieu les idées que celui-ci lui présente, soit que, par l'intermédiaire du corps, il soit affecté par les représentations sensibles (1). Notre science n'est pas notre œuvre ; en effet, elle ne vient pas de nous-mêmes, puisque, en constatant dans notre conscience l'existence des principes des mathématiques ou de la physique, nous ignorons comment ils s'y sont imprimés ; elle ne vient pas non plus des choses ; car les objets matériels, incapables de produire par eux et en eux des sensations ou des idées, sont encore plus incapables de les faire naître en nous. Nous ne tenons donc notre connaissance que de l'intelligence suprême, qui, en se communiquant à nous, a constitué notre propre intelligence, par les idées qu'elle a laissé se détacher d'elle-même ; quant aux pensées et aux sensations qui paraissent nous venir du dehors, c'est encore Dieu qui, prenant le corps comme instrument ou comme occasion,

---

(1) *Met. cera*, Pars III., 1ᵒˢ Sc. (II p. 196) : « Etiamsi mens nostra statuatur in initio fuisse... certum tamen est eam ab aeterno esse non potuisse ; nam ab aeterno est, quod in natura primum est ; mens vero nostra non est prima ; nam pati potest... imo de facto patitur ».

les a suscitées en moi. Mes pensées ne m'appartiennent pas, elles sont en moi la marque de la divinité.

Et précisément parce que notre esprit est une limitation de celui de Dieu et parce qu'il est dans un corps et ne peut se passer des représentations sensibles, la pensée humaine est soumise aux illusions des sens et à celles de l'intelligence. Quoi que nous fassions, nous ne pourrons sortir de nous-mêmes pour contempler dans leur pureté les choses éternelles, nous qui ne sommes pas éternels. D'où le conseil que Geulincx nous donne, après Descartes, de ne pas prétendre tout pénétrer. « Une grande partie de la sagesse est de se résigner d'une âme égale à l'ignorance (1) ». Ignorance et dépendance, voilà les caractéristiques de l'esprit humain. Que pourrions-nous véritablement connaître ? Ce n'est pas le monde en soi (2), puisqu'il est invisible, de sa nature, et incapable de se révéler à nos esprits, Dieu seul nous en manifestant ce qu'il lui plaît. Et, d'autre part, ce n'est pas même nous qui voyons et qui connaissons par une faculté qui nous appartiendrait en propre : c'est l'Esprit absolu et parfait, qui, limité par sa propre décision, connaît en nous, en vertu de sa nature infinie. En sorte que la connaissance humaine n'est, en somme, qu'un mode de l'esprit divin prenant conscience de lui-même ; et si Dieu, d'une part, ne dominait pas les choses de toute son éminence et si, d'autre part, il n'était pas présent dans tous les esprits, non seulement rien ne serait, mais même, existât-il quelque chose, rien ne serait vu et rien ne verrait, rien ne serait intelligible et rien ne serait intelligent, il n'y aurait ni objet

---

(1) *Ann. in Cart.*, Pars I, art. 11 (III p. 394).
(2) *Ann. ad met.*, (II pp. 300-301).

de la connaissance, ni sujet. L'étude de l'origine de notre savoir nous contraint donc à un nouvel aveu d'irrémédiable faiblesse et d'impuissance radicale (1).

Quant à ma volonté, nous avons vu pourquoi elle ne peut exercer aucune influence ni sur mon corps, ni sur un autre corps de l'univers. Toute action, en tant que mienne, demeure immanente ; c'est-à-dire que mes décisions volontaires n'ont aucun effet en dehors de mon propre esprit (2). « C'est un autre qui suscite mon action, lorsque celle-ci répand son effet hors de moi, un autre qui lui octroie la puissance et le poids, grâce auxquels elle a de la valeur, choses qu'elle ne pouvait recevoir de moi. C'est cet autre qui fixe les limites au-delà desquelles il a décidé qu'elle ne se répandrait pas. C'est ainsi que sur l'ordre de ma volonté (action interne), un mouvement de ma main a eu lieu (action externe, transmise à mon corps non par moi, mais par celui-là seul qui a le pouvoir de le faire), si bien qu'au même moment, quelques pierres se sont déplacées, saisies par les crocs de mes doigts et de la sorte s'est produit un amoncellement particulier, que j'appelle une maison ou une tour et je dis que j'en suis le constructeur » (3). Et cependant ce n'est pas moi qui ai pu donner soit à mes membres, soit aux pierres ces divers mouvements : c'est le moteur suprême qui les a produits, au moment même où j'avais formé le dessein de les exécuter et de réaliser un projet de

---

(1) Cf. DAMIRON, *Essai sur l'histoire de la philosophie en France au XVII<sup>e</sup> Siècle*, t. II, l. IV, p. 161 sq. « On le voit, ajoute Damiron, il ne manque à cette opinion que la théorie des idées, c'est-à-dire un peu plus de vigueur dans les conséquences, pour être, comme je le disais, la vision en Dieu de Malebranche ».

(2) *Ann. ad eth.* (III p. 213).

(3) *Eth.*, tract. I, cap. II, sect. II, § 2 (III p. 33).

mon esprit. Les actes de ma volonté n'ont d'effet dans le monde que si cela plaît à Dieu. Et l'on ne peut pas même dire — ce qui serait assurément pour mon orgueil une satisfaction et comme un reste de puissance — que mon désir a fourni à Dieu l'occasion d'agir en conformité avec lui ; ce qui a lieu dans le monde des corps ne peut se manifester qu'en conformité avec les règles inflexibles, établies de toute éternité par la sagesse infinie de l'Etre suprême. Notre volonté, quelle que soit l'intensité de notre effort, reste inefficace, inutile et stérile ; nous ne sommes que les spectateurs nus et désarmés (1) de ce spectacle de l'univers ; nous y voyons simplement comment et jusqu'à quel point le développement mécanique du monde, dont l' « efficace » vient de la seule volonté de Dieu, réalise nos décisions et nos projets. Nous sommes donc sous l'entière dépendance de Dieu, par toutes les propriétés de notre être physique et moral et, en particulier, par notre pensée et notre volonté.

Nous arriverons à la même conclusion, si nous analysons directement les deux aspects de notre vie psychologique, la passion et l'action, en entendant ces termes dans l'acception la plus générale. Dans la passion, nous subissons les choses extérieures (2), ou plutôt nous dépendons d'un ordre dont nous ne sommes pas les auteurs ; l'impression qui en nous correspond à cet ordre est bien nôtre, en ce sens ; mais elle n'est à aucun degré notre œuvre. Et cependant l'état de passion fait nécessairement partie de « la condition humaine », qu'il s'agisse, d'ailleurs, des sensations qui nous

---

(1) *Ibid.*, ibid.
(2) *Ann. ad eth.*, (III p. 221, n. 53).

représentent le monde extérieur, ou des émotions purement affectives et de ce que le vulgaire nomme plus proprement des passions. Celles-ci sont aussi naturelles que les premières et c'est même peut-être par elles surtout que nous sommes des hommes (1) : il serait dangereux de les extirper, si ce n'était impossible (2). La passion est donc tellement inhérente à la constitution de l'homme, que nous sommes bien plus inclinés à la suivre que portés à obéir à la raison ; cet état naturel n'en est pas moins, chez nous, un signe de dégradation et de déchéance, conséquence vraisemblable du péché originel (3). Aussi portons-nous toujours avec nous cette sorte de tare et, lorsque nous croyons nous en être débarrassés et avoir triomphé après une lutte, longue et pénible, nous ne tardons pas à nous apercevoir que nous n'avons fait qu'opposer une passion à une autre ou remplacer une passion par une autre ; quand nous disons, par exemple, que nous nous conduisons d'après notre conscience, c'est encore une passion qui nous dirige, puisque nous recherchons une satisfaction, c'est-à-dire un agrément ; nous pensons avoir ainsi échappé à la passion et nous être montrés véritablement « actifs » et raisonnables ; en réalité, l'action que nous accomplissons est intéressée ; c'est donc une action passionnée ou déterminée par la passion (*actio ex passione*) (4).

Dans l'action, l'homme paraît manifester sa puissance et son indépendance ; contrairement à la passion, qui naît hors de nous, pour se terminer en nous, l'action commence

---

(1) *Eth.*, tract IV, § 1, (III p. 105) ; cf. § 3 (III p. 109).
(2) *Ibid.* (III p. 105 et passim).
(3) *Ibid.* § 5 (III p. 113).
(4) Voir tout le § 2 du traité IV de l'*Eth.* (III p. 106-109).

en nous ; « à son origine elle est nôtre » (1) et par là elle nous appartient. Mais, nous le savons, les effets qu'elle paraît amener ne se réalisent que si les règles qu'a instituées la sagesse divine et auxquelles elle se soumet soi-même en déterminent la production ; quand je crois agir hors de moi, je suis « le simple spectateur d'un mécanisme » sur lequel je ne peux rien. Tout mon rôle se borne à connaître et à vouloir ; or, dans la connaissance, je suis encore passif, puisque, comme Geulincx l'a montré, c'est Dieu qui en moi se connaît lui-même et ma volonté est si étroitement liée à mes pensées et si complètement déterminée par celles-ci, que l'on aurait de la peine à retrouver en elle les traces d'une activité originale et libre. Cela est si vrai que, comme notre philosophe nous le déclare, si Dieu veut, à un certain moment, changer nos volontés, le moyen le plus simple qui soit à sa disposition, c'est de nous donner d'autres pensées (2) Et Geulincx a pu dire, sans exagérer la portée de sa thèse : « *Actio... est minime nostra, sed Dei* » (3).

L'action, si on pouvait donner à ce mot toute sa signification, impliquerait la liberté. Or, sommes-nous libres ? La réponse de Geulincx à cette question devrait être résolument négative ; deux des théories qui lui étaient chères le conduisaient à un déterminisme psychologique rigoureux. D'abord la nature de l'esprit humain, qui le réduit à n'être qu'un mode de l'intellect divin, ensuite le parallélisme entre nos désirs volontaires et l'ordre du monde prétabli par Dieu. Où pourrait donc être, dans un tel système,

---

(1) *Ann. ad eth.*, (III p. 221).
(2) *Met. vera*, Pars III., 8ᵉ Sc. (II p. 105).
(3) *Ann. ad eth.* (III, p. 221).

l'originalité et la spontanéité du moi ? Et cependant, pour les sauvegarder, Geulincx, fait appel à deux comparaisons : Un nain s'efforcerait vainement d'arracher sa massue à Hercule ; mais le héros peut la lui laisser prendre volontairement (1). Cette comparaison nous semble un peu trop éloignée de la question qu'il s'agit de résoudre. On suppose ici au nain une libre volonté, qui devient efficace quand elle est d'accord avec celle du demi-dieu ; elle explique bien, chez lui, l'illusion de l'efficience, mais on ne se préoccupe même pas de rechercher si le désir volontaire du nain est vraiment ce qu'il lui paraît, c'est-à-dire libre en lui-même. Ce genre de liberté tout intérieure, Geulincx se contente de le supposer et de l'affirmer. Dans un second rapprochement, Geulincx compare le libre arbitre de l'homme, dans un univers soumis au déterminisme et où tout s'enchaîne nécessairement, à un voyageur qu'un navire emporte à toutes voiles, qu'il le veuille ou non, dans la direction de l'est : le passager, du moins, sur le pont du navire, peut, de lui-même, marcher vers l'ouest (2). Mais, objecterons-nous à cette argumentation, si l'on admet l'immuable fatalité qui porte nécessairement le vaisseau vers l'est, ne pas reconnaître que la même nécessité oblige le voyageur, sans qu'il s'en doute, à se diriger vers l'ouest dans l'étroit espace qui lui est réservé, paraît bien contradictoire et tout à fait illogique. Cette tentative pour restaurer la liberté humaine, même en la restreignant et en la limitant au for intérieur, semblait condamnée à un échec. Le libre arbitre était assurément indispensable à Geulincx

---

(1) *Ann. ad èth.*, (III p. 221).
(2) *Ann. ad eth.*, (III p. 167).

pour fonder sa morale ; mais il ne pouvait trouver place dans un système dont les principes métaphysiques devaient aboutir à un déterminisme inflexible. Et Geulincx paraît plus conséquent avec lui-même lorsque, emporté par la logique de sa doctrine, il proclame que « ma condition humaine est à la merci de Dieu et profondément indépendante de moi » (1), de ma naissance jusqu'à ma mort. Et même après la mort, pour pouvoir espérer un affranchissement, il faudrait être certain qu'on n'aura plus à subir aucune union avec le monde de l'étendue ; et, même s'il en était ainsi, on resterait toujours en la puissance de Dieu (2) ; car ce qu'il y a de positif en nous ne peut venir que de Dieu et ce qu'il y a de négatif ne saurait être qu'une limite que Dieu nous a directement ou indirectement imposée, ou plutôt qu'il s'est volontairement et librement imposée en nous, lorsqu'il s'est décidé à nous créer. Et voici, semble-t-il, la condamnation définitive de notre liberté : « L'homme est l'esclave de Dieu et cela non pas simplement ou pour un temps, mais essentiellement et toujours » (3).

### 5. — *LA PUISSANCE DE L'HOMME ET LA LIBERTE*

Devons-nous souscrire sans réserves à cette sentence de déchéance ? Geulincx ne le croit pas et ne le veut pas. Nous venons de voir par quels artifices il essaie d'expliquer

---

(1) Voir toute la 11ᵉ Science de la 1ʳᵉ partie de la *Met. vera*, (II p. 155) : « Mei ergo arbitrii partes nullae sunt ».

(2) *Disp. de humilitate*, p. 327 « Corporis exuviis solutus, liber non es censendus, manet Dei potestas et jus quo te possidet ; non tu manumissus es aut jure aliquo gaudes!; Dei adhuc et semper manes ».

(3) *Ibid.*, p. 325. On pourrait objecter que cette dissertation n'est pas de Geulincx. Elle fut, en effet, soutenue par Sébastianus Borstius en 1668.

l'existence d'une liberté au sein de notre être spirituel. Il tient à ce libre arbitre limité à la vie intérieure de notre âme, à nos désirs, à nos décisions, à nos intentions. Ce sont surtout des raisons morales qui l'empêchent de s'abandonner au déterminisme universel dont la logique l'entraîne. Il constate qu'indépendamment du succès ou des échecs de nos projets, que nos intentions fermement délibérées aient ou non été suivies d'effet, nous sentons que nous avons bien ou mal choisi, que nous nous sommes bien ou mal décidés et qu'entre deux hommes dont la conduite extérieure paraît également bonne et dont les actes ont pu être également utiles, il existe une grande distance morale, si l'un les a accomplis en leur donnant sa pleine adhésion, en connaissance de cause, tandis que l'autre les a laissé s'exécuter, parce que, tout en faisant des vœux pour une tout autre issue, il voyait bien qu'il ne pouvait pas en être autrement. Le premier est bon, moral et religieux ; l'autre est mauvais, ignorant et impie. Or, si tous deux étaient aussi strictement déterminés dans leur choix intime que dans leurs actes extérieurs, d'où viendrait cette différence, d'où viendrait la conscience du devoir accompli et la notion du devoir à accomplir ? Avant Kant, Geulincx semble avoir pensé : **si je dois, je peux**, et avoir cru à la liberté pour fonder la moralité (1). Entre la raison, image de la loi de Dieu, et la passion, reflet d'un monde où se manifestent la seule

---

Toutefois cet élève de Geulincx n'a fait certainement que présenter et mettre en formules l'enseignement de son maître. C'est ainsi que l'on trouve dans cette dissertation la comparaison du nourrisson dans son berceau, que nous lisons dans l'édition complète de l'Ethique.

(1) cf. LAND, *op. cit.*, p. 150.

étendue et ses lois, c'est-à-dire la « *brutalitas* », un choix s'impose et requiert, ne serait-ce qu'un instant, une liberté absolue.

Si l'on veut trouver dans l'homme l'expression de cette liberté et le témoignage de notre puissance, il faut partir de l'antagonisme entre les deux éléments fondamentaux de la nature humaine, la raison et la passion. C'est par la passion que nous sommes esclaves; peut-être la raison nous montrera-t-elle notre grandeur, si nous savons en reconnaître les limites et les accepter. La raison, qui, sous forme d'évidence, soit dans la conscience, soit dans le raisonnement, nous a révélés à nous-mêmes et qui nous a prouvé l'existence de Dieu, son infinité et le mécanisme immuable d'un monde inerte par lui-même, nous fait participer à la nature divine et par conséquent à sa toute puissance et à sa liberté. Aussi, que nous cherchions la sagesse qui résulte de la connaissance ou celle qui se traduit dans la conduite morale, c'est à elle que nous devons nous attacher et, par elle, au principe dont elle émane. Si nous agissons ainsi, devenus raisonnables et, pour ainsi dire, « divins (1) », nous verrons s'abaisser et s'effacer les limites qui nous empêchent de nous confondre avec la perfection suprême, « notre être propre se dissoudra, nous serons et nous resterons en Dieu » (2), nous participerons, par là, à son action infinie, à sa puissance et à sa liberté, au sens où ce mot signifie quelque chose dans son application à l'Être en soi.

Il importe peu, en effet, que les réalités véritables ne soient pleinement connues que par la sagesse de celui qui

---

(1) *Log. restit.*, Pars IV., sect. II, cap. XII, (I p. 443).
(2) *Ann. ad met.* (II p. 293).

les a créées (1) et restent ainsi inaccessibles à notre raison : (2) c'est notre raison qui nous montre qu'elles le sont et jusqu'à quel point nous pouvons les connaître (3). Si nous nous tenons fermement dans les limites qu'elle nous prescrit, sans chercher à les franchir et surtout sans regretter d'avoir à les respecter, alors ne pourrons-nous pas proclamer la toute puissance de notre intelligence ? Même si nous devions nous borner à répéter : « Nous ne connaissons rien », nous serions du moins infaillibles dans cette affirmation et nous aurions atteint un très haut degré de sagesse (4).

Or c'est « la même raison qui nous fait connaître les choses physiques et qui, en morale, nous donne des ordres » (5). Dans la spéculation, elle nous révèle des lois ; dans la pratique, elle est notre loi. Elle est la loi qui vient de Dieu, elle est aussi la loi de son action (6). Celui qui lui obéit est dans le sens de l'ordre naturel et divin ; car « ce que la raison prescrit, Dieu l'ordonne » (7) et le réalise. Aussi l'homme qui écoute la seule raison exerce-t-il une puissance comparable à celle de Dieu et jouit-il d'une liberté équivalente à la sienne. Car « lorsque notre esprit, dans une circonstance donnée, connaît ses limites, il est impossible que notre volonté les dépasse et en vienne à se

---

(1) *Ann. in Cart.*, Pars I., art 18, (III p. 39 6).
(2) *Ibid.*, art. 49, (ibid.).
(3) *Eth.*, tract I., ch. II, sect. I, (III p. 18).
(4) *Ann. ad met.*, (III p. 300).
(5) *Eth.*, tract. I, ch. II, Sect. I, (III p. 21) . cf. *Ann. ad eth.* (III p. 181-182).
(6) *Eth.*, ibid. (III p. 22) : « Ratio est lex et imago Dei in mentibus nostris »; cf. *Ann. ad eth.* (III p. 322).
(7) *Eth.*, ibid.

tromper » (1). D'où il suit qu'à notre volonté raisonnable correspond toujours la réalisation et le succès. L'homme inspiré par la raison est donc puissant avec Dieu et en Dieu ; il est libre avec Dieu et en Dieu, ce qui revient à dire que c'est Dieu qui, en lui, connaît et agit d'une manière raisonnable et libre. Mais c'est là, objectera-t-on, l'affirmation d'une servitude absolue, la reconnaissance du déterminisme humain ? — Non, répond Geulincx, c'est la définition même de la liberté : « Celui qui est l'esclave de la raison n'est l'esclave de personne, mais il est, par là même, absolument libre ; ce qu'il veut, il le fait ; ce qu'il ne veut pas, il ne le fait pas ; il ne le fait ou il ne s'en abstient que dans la mesure où il en a ainsi décidé » (2). Echappant à toute contrainte, il est véritablement libre.

Et cependant ne nous trouvons-nous pas, ici encore, en présence d'une illusion ou d'un fantôme de liberté ? car enfin la pierre qui tombe réalise, pour sa part, l'ordre divin et, si elle avait le pouvoir de penser et qu'au moment de sa chute, elle désirât tomber, dirait-on qu'elle est libre ? l'homme qui est animé par la raison divine, en se soumettant à elle, ne fait que manifester logiquement sa nature, révéler sa dépendance et son impersonnalité ; ce n'est pas lui qui est libre, puisque ce n'est pas lui, en réalité, qui pense et qui agit ; ses pensées lui viennent de la raison qui, en lui, représente Dieu ; et ses actes, comme tous les mouvements de l'univers, ont Dieu pour auteur et pour cause : tout dans l'homme exprime et traduit Dieu. A cette nouvelle objection, Geulincx aurait peut-être répondu

---

(1) *Ann. in Cart.*, Pars I., art, 44, (III p. 394).
(2) *Eth.*, tract. I., cap. II, Sect. I, (III p. 23).

par sa distinction entre l'obéissance à Dieu et l'obéissance à la raison (1) : Toute créature, quelle qu'elle soit et quoi qu'elle fasse, qu'elle pense ou qu'elle ne pense pas, obéit nécessairement à la loi divine, en ce sens qu'elle ne peut se soustraire à sa destinée préétablie par Dieu et liée par sa sagesse à celle de l'univers entier ; mais l'obéissance à la raison, qui est consciente, est réservée à l'être pensant et nous voyons qu'un petit nombre d'esprits seulement met en pratique cette vertu ; elle n'est pas, en effet, la conformité de notre conduite à un ordre naturel et divin, qui est nécessaire et immuable, elle est l'adhésion de notre volonté à cet ordre une fois connu, par amour pour celui qui en est l'auteur, par admiration pour sa perfection et par reconnaissance pour sa sagesse prévoyante. C'est cet acte d'assentiment tout interne qui révèlerait l'individualité morale de l'agent, qui instituerait sa personnalité distincte et qui manifesterait sa liberté.

Mais enfin, si Dieu est en nous sous forme de raison, s'il se révèle à nous et si la vision de la vérité entraîne la volonté correspondante d'y conformer nos décisions, cette liberté d'acquiescer n'existe pas ! Il est vrai, ripostera Geulincx, que Dieu, sous forme de science intelligible, est présent en chacun de nous ; mais encore faut-il, de notre part, pour faire passer cette virtualité à l'acte et pour obtenir, en fait, la connaissance du vrai, une attention dirigée (2) vers les perfections divines, telles qu'elles nous ont été communiquées. Donc, pour agir moralement ou plutôt pour vouloir moralement, — puisque l'action exté-

---

(1) *Ibid.*, cap. I., § 2, (III pp. 14-15).
(2) *Ibid.*, cap. II, Sc. I, (III p. 18).

rieure échappe à notre pouvoir, — il faut que l'esprit humain, en possession implicite de la vérité, décide de la connaître explicitement et d'y adhérer, ou, en termes plus métaphysiques, « que nous éprouvions l'essence de Dieu, ses attributs et en outre la loi et la raison qu'il a mises en nous (1) » ; attention de l'intelligence et assentiment de la volonté sont les deux moments ou les deux aspects d'un même acte par lequel nous prenons moralement parti et dans lequel résident vraiment notre indépendance et notre puissance. Il ne s'agit plus ici d'une liberté rationnelle, résultant d'une identification de la volonté de l'homme avec celle de Dieu, mais d'un véritable choix moral, d'un libre arbitre humain. Par l'exercice de cette liberté, qui est proprement nôtre, nous nous rendons dignes d'accéder à celle qui émane de Dieu et à laquelle il nous fait participer.

Mais ici nous touchons à la vraie difficulté du système. N'est-ce pas attenter à la toute puissance de Dieu que de soustraire, aussi peu que l'on voudra, la personnalité humaine à son empire ? Attention, assentiment ou consentement sont des formes du vouloir ; pour Geulincx, nous le savons, volonté et entendement sont étroitement unis et comme inséparables ; si nos idées viennent de Dieu, peut-on sans impiété attribuer à la volonté le pouvoir de les négliger ou de les dédaigner ; et, si nous disons qu'elles ont besoin, pour être vues, de la volonté attentive, ne commettons-nous pas un cercle vicieux ? Si nous admettons que Dieu permet à tel d'entre nous de faire attention à lui et de l'approuver, mais laisse tel autre dans un état d'inattention et d'indifférence, nous avons à nous deman-

---

(1) *Ann. ad eth.* (III p. 160).

der d'où vient cette diversité de traitement, cette inégalité de prévenance de la part de la divinité ; nous supprimons de nouveau la liberté humaine et nous pouvons craindre enfin de faire le procès de Dieu, puisqu'il a, d'après cette théorie, autorisé le péché, ne fut-ce qu'indirectement et par négligence. Nous avons déjà vu que ces contradictions sont réelles et que Geulincx les reconnaît : il n'hésite pas à les déclarer insolubles et il se réfugie, pour y échapper, dans un appel à l'immensité de Dieu et à sa sagesse ineffable, c'est-à-dire dans le mysticisme.

Quoiqu'il en soit de la possibilité de donner au problème de la liberté une réponse définitive, l'attitude de notre philosophe ressemble beaucoup à celle qu'ont adoptée, dans la question de la grâce, les jansénistes et la plupart des calvinistes, dont il a subi l'influence concordante ou combinée et pour lesquels il eut toujours de très vives sympathies. Nous sommes prédestinés, mais Dieu seul sait, en vertu de son infinie sagesse, quels sont ceux qu'il sauvera et pourquoi il les fera participer aux mérites du Rédempteur. Cependant, dans notre ignorance de son décret éternel et tout en reconnaissant notre infirmité en face de sa toute puissance, nous devons agir comme si nous pouvions faire notre salut par nous-mêmes et attendre ensuite, avec angoisse et résignation à la fois, le secours de sa grâce et sa souveraine sentence (1). De

---

(1) C'est en 1640, deux années après la mort de Jansénius, que parut à Louvain *l'Augustinus*, qui devait troubler la paix religieuse de l'Europe pendant plus d'un siècle. Au sein de l'Université, où l'évêque d'Ypres avait été étudiant, puis professeur, cet ouvrage trouva immédiatement des approbateurs et des défenseurs. Le corps enseignant fit même preuve vis-à-vis de l'internonce d'une indépendance inusitée et défendit contre la cour

même, pour Geulincx, il y a en Dieu une sagesse profonde mais mystérieuse, qui a tout organisé à l'avance : nous pouvons voir clairement tout ce qui touche à la matière, son mouvement, les états de notre corps et nos actes extérieurs ; nous comprenons le déterminisme qui résulte de son action toute puissante ; quant aux manifestations de notre pensée, nous sentons combien elles dépendent de notre tempérament et même du monde extérieur (1) : ni l'action, ni la passion n'émanent véritablement de nous « *Pati non est meum, agere non est meum* (2) ». Ma volonté elle-même est déterminée par la clarté de mes idées, qui ont leur origine hors de moi, dans l'intellect divin. Et pourtant, si nous avons la force de dépouiller notre condition corporelle et humaine, nous trouvons en cette volonté quelque chose qui semble nous appartenir en propre, c'est la faculté de consentir à connaître la loi qui nous régit en même temps qu'elle gouverne l'univers et, tout en sachant bien que notre adhésion ne changera rien à la marche du monde, d'accepter de lui obéir.

---

de Rome la mémoire de Jansénius. Ce fut la faculté des Arts qui, la première, se prononça pour la nouvelle doctrine. On peut conjecturer que Geulincx fut mêlé à ces querelles, que le jansénisme eut une action sur sa pensée ; peut-être même cette action ne fut-elle pas étrangère à sa conversion au calvinisme (cf. Vander Haeghen, *op. cit.*, p 32). En effet, en ce qui touche la question de la liberté humaine, Jansénius déclare que l'homme fait invinciblement, quoique volontairement, le bien et le mal. Calvin enseignait le déterminisme et la prédestination absolue ; pour lui, sans la grâce, l'homme ne peut être sauvé. Il est impossible de ne pas reconnaître l'influence de ces dogmes religieux sur la philosophie de Geulincx.

(1) « Nos quantum ad humanam conditionem nihil valere », *Ann. ad eth.*, (III p. 221).

(2) « Pati non est meum ; agere non est meum ». *Met. vera*, Pars I., 11e Sc. (II p. 155).

Toute notre liberté est dans ce pouvoir, et, par conséquent, là aussi est tout notre devoir. « Où je ne puis rien, je n'ai rien à vouloir (1) », voilà le principe de la morale tiré de la connaissance de l'homme et de la constatation de son impuissance ; mais ce n'est là qu'un énoncé négatif ; il suppose une formule positive, capable de servir de fondement aux règles de la morale : où tu peux quelque chose, tu dois vouloir ; et ce que tu dois vouloir, parce que tu le peux, et sans te demander d'ailleurs ce que vaudra et ce que produira ton adhésion, c'est la réalisation du règne de la raison, qui est aussi le règne de Dieu

---

(1) « Ubi nihil vales, ibi nihil velis ». (*Ibid.*, ibid.) ; cf. : *Ann ad eth.* (III pp. 161-222-243 sqq. 252 etc.).

# CHAPITRE II

## LA MORALE OU LA VIE SELON LA RAISON

La métaphysique, telle que nous l'avons sommairement exposée à la suite de Geulincx, nous conduit, comme par la main, jusqu'à la vie morale ; on pourrait même dire qu'elle contient en résumé toute la morale ; pour constituer complètement l'*Ethique* (1), il ne reste qu'à tirer des conséquences

---

(1) L'*Ethique* de Geulincx, ou Γνῶθι σεαυτόν, se divise en six traités, qui portent les titres suivants : I. De la vertu et de ses propriétés premières : Les vertus cardinales ; II. Des vertus dites particulières ; III. La fin de la vertu : le Bien ; IV. Les Passions ; V. De la récompense de la vertu ; VI. La prudence. L'ouvrage est inachevé. Le premier traité, qui seul a été publié par Geulincx et seul a reçu de lui sa forme définitive, est presque aussi étendu que les cinq autres réunis. Des notes abondantes, très importantes et souvent plus intéressantes que le texte, servent de commentaire ou d'explication. Elles traitent le plus ordinairement de questions qui touchent à la métaphysique, à la physique ou à la théorie de la connaissance et qui sont utiles pour l'intelligence du texte. Elles renvoient fréquemment aux autres ouvrages de Geulincx, sans références précises et constituent un ensemble aussi volumineux que celui des six traités. Comme elles ne figurent pas dans le premier traité, publié par Geulincx, on a pu légitimement se demander si elles sont authentiques, ou si, au contraire, l'auteur n'en serait pas Philarète-Bontekoë. Voici les arguments en faveur de l'authenticité :

1° Dans l'avis au lecteur de l'édition de 1675, nous lisons qu'on trouvera dans le corps de l'ouvrage deux genres de notes ; les unes sont indiquées

de ce que nous a révélé la connaissance de Dieu, de nous-même et du monde. Dieu, principe des intelligences, source des idées, créateur de la matière, auteur du mouvement est la cause toute puissante et infiniment sage de nos pensées, il assure, conformément aux lois éternelles de sa prudence, la réalisation de nos volontés et de nos désirs, il nous affecte, par l'intermédiaire du monde physique et de notre propre corps, des émotions et des représentations qu'il lui plaît de nous donner. En face de son action infinie et universelle, le monde des corps bruts est presque inexistant, l'homme limité par sa participation à ce monde, alourdi par son vêtement corporel est borné, d'ailleurs, par l'imperfection naturelle de son esprit ; dans la passion comme dans l'action, il ne peut rien sans la volonté de Dieu, maître de la joie et de la douleur, de la vie et de la mort, et, en général, de tout ce qui se produit et que nous

---

par des chiffres (« *cifras vulgo dictas* »), les autres par des lettres ; celles-ci ne sont pas de Geulincx, nous dit-on, (« *non notas auctoris esse cogita* »). Il semble donc logique de conclure que les premières sont bien de notre philosophe.

2° En effet, dans les notes portant des chiffres, l'auteur parle presque toujours à la première personne : « *Dixi... vidimus,... in mea metaphysica* ». Dans les notes portant des lettres, on trouve, au contraire, le style indirect : « *Auctor addit in belgica versione...* ». Toutefois cette remarque n'est pas absolument générale.

3° Tous les plus anciens commentateurs sont d'accord pour attribuer ces notes à Geulincx, en particulier ANDALA, Antoine de REUS et l'éditeur d'un recueil paru en 1688 et qui contient, en même temps que la Physique de Geulincx, la Métaphysique de Bontekoë.

Contre cette opinion, on ne peut guère citer que quelques passages de RUARDUS ANDALA, où il nomme Philarète comme l'auteur ou, tout au moins, le rédacteur de certaines notes attribuées généralement à Geulincx. On peut donc présumer que, si toutes ces notes n'ont pas été écrites telles quelles par Geulincx, elles faisaient du moins partie de son enseignement oral.

croyons accomplir par nous-mêmes. Nous ne connaissons pas la nature essentielle des choses, nous ne savons rien de leur réalité, telle qu'elle est en soi ; nous ne savons ni ce que nous sommes et comment nous sommes créés, ni comment se transmettent dans l'univers les mouvements et comment ils atteignent notre âme, ni ce que sont nos affections passives et comment elles nous arrivent, ni ce que sont nos prétendues actions et comment elles se font. L'ignorance où nous nous trouvons de toutes ces choses est la preuve de notre impuissance à leur égard et là où nous sommes impuissants, nous n'avons rien à vouloir. « *Qui nescit quomodo fiat, is non facit ;* « *ubi nihil vales, ibi etiam nihil velis* » : Ces deux formules en étroite connexion sont le double principe fondamental, dont la morale n'est que le développement.

### 1. — *LA VERTU ET LES VERTUS*

Si la métaphysique nous avait amenés à cette conclusion : tu ne peux absolument rien, il n'y aurait pas d'éthique ; la vie morale ne se distinguerait pas de la vie naturelle, la connaissance des lois de l'univers ne pourrait avoir sur notre conduite aucune influence, la raison ne serait pas pratique. Mais l'impuissance de l'homme n'est pas totale ; dans son dénûment, un domaine lui reste ; dans sa servitude, une initiative lui est permise ; raisonnable, c'est-à-dire participant, dans une certaine mesure, aux perfections de l'intelligence divine, il peut se rendre conscient de cette raison qui est en lui ; il a la faculté de conformer à l'ordre qu'elle lui révèle non pas assurément ses actions (car elles ne sont pas en son pouvoir), mais du moins ce qui, dans sa vie intérieure, dépend de lui-même, c'est-à-dire ses résolutions. Nous sommes dans un monde physique sur lequel nous ne pouvons rien et dont nous ne saurions pas même éviter le contact, nous nous trouvons unis à un corps organique qui nous est étranger; si nous nous attachons à ce monde et à ce corps, qui échappent à notre connaissance, et à l'action de notre volonté, nous poursuivons une chimère et nous serons déçus ; le corps nous trompera, le monde nous échappera et il ne nous restera que le désespoir d'une vie manquée (1). Si donc nous voulons vivre de la vie morale, c'est-à-dire atteindre à l'activité de notre être parfaite et achevée, nous devons nous dépouiller de notre condition humaine, abdiquer ce qui rattache notre personnalité au monde physique, pour nous tourner exclusivement vers Dieu, ou plutôt, puisque Dieu nous est inaccessible dans son immensité vers ce qu'il y a de divin dans notre esprit, c'est-à-dire vers la raison (2). Je sais, dès maintenant, qu'il ne m'appartient qu'une chose, le pouvoir de diriger mon attention et de donner ou refuser mon assentiment. Or, seule la raison mérite que je lui accorde mon attention et que j'adhère à sa loi. C'est donc à en reconnaître et approuver les manifestations que je dois employer ma puissance de volonté.

La raison ne saurait être l'objet d'une définition. Elle est immédiatement connue de celui qui la possède, s'il la considère attentivement (3). Origine de toute connaissance

---

(1) *Met. vera*, Pars I., 13ᵉ Sc. (II p. 157).
(2) Ratio in nob's est imago divinitatis ». *Eth.*, tract. I, cap. I, §1 (III p. 12); ibid., tract. III, § 8 (III p. 102) : « lex et imago Dei in mentibus nostris ». Cf. *Log. rest.*, Pars IV, sect. II, cap. XII : « Veram imaginem divinitatis » et *Quaestiones quod.*, Or. 1 (I p. 13).
(3) *Eth.*, Tract. I, cap. I, § 2 (III p. 11); *Ann. ad Eth.*, (III, p. 163 sq., n. 2¹) ; *Log. rest.*, Pars IV., Sc. 1, cap. 6 et 13.

scientifique, elle est en même temps celle de l'action morale ; car elle ne se contente pas d'exposer la vérité et de montrer ce qu'elle est, elle tend encore à amener la réalisation d'une vie conforme à cet idéal. On ne peut pas, en effet, voir la raison sans l'aimer et sans adhérer à ce qu'elle présente. Cet amour de la raison qui produira la moralité se nomme la vertu.

Attardons-nous un peu avec Geulincx à la définition de la vertu ; il la formule en ces termes : « La vertu est l'amour unique de la droite raison » (1). Que l'amour vertueux doive avoir pour objet la droite raison, c'est une chose évidente. Ce n'est qu'à la suite de préjugés et de sophismes que nous en arrivons à prendre pour la raison ce qui n'est pas elle. Ce genre d'erreur, fréquent en physique, va être plus dangereux encore en morale, où les passions et l'intérêt parviennent si facilement à détourner l'esprit humain de la pure contemplation du vrai dans la pleine lumière de la conscience. Cependant, quand il s'agit de la raison, le mot « droite » est superflu ; car la raison ne peut qu'être droite et vraie (2). Retranchons aussi de notre définition l'expression « unique » ; celui qui aime vraiment la raison, l'aime aussi uniquement ; en effet, comment, lorsqu'on connaît la raison, accorderait-on une valeur quelconque à ce qui n'est pas elle, et comment pourrait-on s'attacher à quelque chose d'irrationnel ; celui qui partage, par exemple, son affection entre la raison et le plaisir ne peut prétendre qu'il aime la raison. Aimer c'est préférer d'une façon absolue (3). Nous pouvons donc définir la

---

(1) « Virtus est rectae rationis amor unicus » *Eth.*, Tract. I, cap. I (III p. 9).
(2) *Eth.*, Tr. I, cap. I, § 2 (III p. 15).
(3) *Ibid.*, ibid.

vertu en disant simplement qu'elle est « l'amour de la raison » (1).

Le terme d' « amour » a besoin, à son tour, d'être étudié et précisé ; il y a, nous dit Geulincx, deux sortes d'amour, qu'il nomme « amour affectif » et « amour effectif » ; le premier est une émotion douce et agréable, qui, par l'attrait de la satisfaction qu'elle nous donne, nous porte à faire certaines actions ; le second est le ferme propos d'accomplir les actes que l'on juge bons, autant du moins qu'on en a le pouvoir ; le premier est un état passif, un amour-passion, ou même simplement une passion ; le terme d'amour ne convient guère qu'à l'amour « effectif », dirigé vers ce que commande la raison. L'amour-passion peut sans doute contribuer à la réalisation de la vertu ; il peut la raffermir ou la rendre plus facile ; mais seul l'amour actif constitue la vertu elle-même (2).

L'objet de cet amour est, disons-nous, la raison. Mais pourquoi ne serait-ce pas directement vers Dieu que tendrait cet amour? Dieu, considéré comme perfection absolue, n'est-il pas infiniment aimable ? L'ordre divin ne devrait-il pas être l'objet immédiat de notre aspiration ? C'est que, d'après Geulincx, nous obéissons toujours et nécessairement à Dieu, quoi que nous fassions ; que nous le voulions ou non, un amour conscient ou inconscient de Dieu nous entraîne donc vers les destinées qu'il a choisies pour le monde et pour nous-mêmes. Les méchants et les choses brutes mêmes aiment Dieu de cet amour naturel qui s'exprime par l'obéissance : tout obéit à Dieu ; rien ne lui

---

(1) *Ibid.*, ibid.
(2) *Ibid.*, ibid., § 1 (III pp. 9-12).

résiste. Au contraire, il nous arrive de nous révolter contre la raison et de ne pas vouloir lui céder ; ici, la volonté individuelle étant en jeu, il y a place pour un amour délibéré et pour la vertu. Distinguons donc du décret universel et inviolable de Dieu, qui domine toutes choses, les prescriptions qu'il a inscrites dans notre raison et auxquelles nous devons nous attacher avec amour ; ceux qui donnent leur assentiment à la loi que nous dicte la raison sont appelés bons ; ceux qui l'ignorent ou la méconnaissent sont les méchants (1).

Si nous adhérons au commandement de la raison par habitude, nous ne sommes pas vraiment vertueux ; il est vrai que l'habitude nous permet d'accomplir plus aisément le bien, mais cette facilité doit être considérée comme un résultat ou une récompense de la vertu, plutôt que comme la vertu même. L'habitude, étant liée à des dispositions organiques acquises et conservées par le corps, n'a rien de commun avec la raison et ne peut être le ressort de la vie morale. Celui qui est honnête d'habitude n'est pas honnête du fait de l'habitude, mais il a contracté l'habitude de l'honnêteté, par ce qu'il est honnête décidément, délibérément et essentiellement. Un homme, enfin, peut être appelé bon et vertueux si, malgré une longue accoutumance au vice, il se retourne tout à coup vers la raison. On doit convenir, avec les orateurs et les docteurs de toutes les Eglises chrétiennes, que les bonnes œuvres accomplies par habitude sont sans valeur morale ; elles n'ont de prix que si elles sont faites par « charité », c'est-à-dire par amour pour la loi divine. L'amour est incomparablement supérieur à l'habitude ; s'il

---

(1) *ibid.*, Ibid., § 2 (III p. 14) ; *Ann. ad eth.* (III pp. 165-166).

est vrai que, comme lui, elle triomphe des obstacles, l'habitude qui émousse notre sensibilité les ignore, l'amour les sent et les surmonte par un effort pénible et conscient, dont la difficulté fait toute la valeur morale. L'amour actif pour la raison est donc le signe de la « générosité de l'âme » et le synonyme de la vertu (1).

Toutes les formes affectives de l'amour sont étrangères à la vertu, ou même lui sont opposées. S'agit-il de « l'amour de bienveillance », c'est-à-dire du ferme propos de faire à autrui du bien ou du mal, il est aisé de comprendre que nous ne pouvons aimer la raison d'un tel amour ; car il nous est impossible de lui causer un dommage ou de lui donner un avantage. Si nous considérons l'« amour de concupiscence », ou le désir délibéré d'obtenir quelque bien, nous n'avons pas de peine à voir dans cette passion l'antagoniste de la vertu, sa négation et la source de tout péché ; il est l'affirmation de l'ennemi le plus redoutable de la raison, la « *Philautia* » c'est-à-dire l'amour de soi. Or l'amour de la raison est exclusif ; quand il est dans l'âme, il doit l'occuper tout entière, lorsqu'il la possède, il ne peut y avoir place en elle pour aucune autre affection. Si parfois à notre ferme décision de n'aimer que la raison et de n'obéir qu'à la loi divine, dont elle est le témoignage, succède une certaine douceur de sentiment envers Dieu, et s'il en résulte dans notre âme une « délectation » particulière, ce ne sont là encore que des conséquences de la vertu, auxquelles nous ne devons ni tendre ni prétendre, lorsque nous nous propo-

---

(1) *Ibid.*, ibid. (III pp. 16-17).

sons uniquement de faire ce que la raison nous commande (1).

La vertu est unique ; cela résulte de sa définition même. Si nous distinguons, d'ordinaire, plusieurs vertus, cela vient de ce que nous confondons avec la vertu les directions générales ou particulières qui en sont comme les différentes propriétés et en traduisent les aspects variés. La vertu n'est pas atteinte et altérée dans son unité fondamentale par cette multiplicité de tendances et de réalisations. Elle reste essentiellement le ferme propos d'adhérer aux prescriptions de la raison. Et ce qui montre bien l'indivisibilité de la vertu, alors même qu'elle pourrait paraître morcelée en vertus dérivées, c'est que, si l'une d'entre elles apparaît, les autres apparaissent aussi nécessairement, et où l'une manque, toutes doivent manquer à la fois (2).

Distinguons d'abord, en ce sens, quatre propriétés générales de la vertu, qui sont d'une application universelle et comme continuelle, c'est-à-dire qui se manifestent sans acception de lieu, de temps ni de circonstances particulières ; on les nomme, à cause de cela, « vertus cardinales » ; ce sont : la diligence, l'obéissance, la justice et l'humilité (3) ; chacune de ces vertus demande à être définie ; nous aurons aussi besoin de connaître les « secours » qui aident à la pratiquer et les « fruits » qu'elle produira.

---

(1) *Ibid.*, ibid. (III pp. 11-15).
(2) *Ann. ad eth.* (III p. 171). « Sunt igitur virtutes cardinales proprietates quaedam virtutis in officium et opus suum exeuntis, quibus proinde virtus nunquam, quotiescumque officio suo ac munere defungitur, destitui potest », *Eth.*, Tract II, Proem. (III p. 66 sq.) ; *ibid.*, I⁰ partie, § 2 (III p. 69 sqq.) ; cf. *Ann. ad eth.* (III p. 174).
(3) *Eth.*, tract. I, cap. II, (III p. 17).

Si l'objet de la vertu est l'amour de la raison, il est manifeste que la diligence en sera le premier aspect ; on ne peut aimer sans chercher à connaître. La diligence sera donc « l'attitude attentive de l'esprit dirigée vers la raison » ; pour l'obtenir, nous devons nous détourner des choses extérieures et nous retourner vers nous-mêmes, « avec profondeur et continuité », pour y consulter « l'oracle sacré de la raison qui réside dans le sanctuaire » intérieur. On doit, en particulier, dans une sorte d'« aversion de soi » apprendre à se défier des sens, mettre en doute ce qui nous est présenté par la sensibilité, par les préjugés de la conscience, par l'autorité de ceux qui nous ont précédés ; ayons toujours présente à l'esprit cette maxime, qu' « il n'y a rien de si grand, de si sublime et de si saint, qui ne soit sous quelque rapport soumis à l'examen de la raison ». La révélation même ne nous inspirerait aucune confiance, si la raison ne nous prescrivait de croire à la lumière surnaturelle, lorsque la lumière naturelle devient vacillante ou cesse de nous éclairer ; de sorte que, si nous savons qu'il y a des choses incompréhensibles ou inaccessibles à la raison, c'est la raison elle-même qui nous l'a prouvé. La sagesse consiste bien plus encore à savoir que l'on ignore et ce que l'on ignore qu'à posséder des connaissances certaines. Fions-nous donc absolument à la raison, ne serait-ce que pour connaître les limites de sa puissance ; c'est dans une sorte de « conversion » vers ce qui, en nous, nous est le plus intime, que nous la découvrirons et que nous trouverons la sagesse ou la juste perception de ce que prescrit la droite raison. Si nous voulons y accéder, soyons donc pleins de zèle pour en écouter les commandements et, pour cela, ne la méprisons jamais, pas même lorsque la modestie ou la facilité de ses découvertes nous la font paraître vulgaire ; appliquons surtout notre esprit aux démonstrations scientifiques et, plus particulièrement, à celles des mathématiques ; par cette gymnastique graduée, nous arriverons à découvrir enfin, par la même méthode, les choses les plus cachées, les plus merveilleuses et les plus précieuses. Tels sont les « secours » qui viennent en aide à l'âme diligente. Mais n'oublions jamais que l'amour de la spéculation doit avoir pour but unique de connaître la raison, pour lui obéir ; la fin de la connaissance c'est la pratique du bien. Celui qui s'adonnerait à la science pour un tout autre motif, ne fût-ce que pour le plaisir innocent de la recherche et de la découverte, ne serait ni bon ni moral. Le « fruit » de la diligence est, nous le savons déjà, la « sagesse » en général, qui, dans la vie pratique, change de nom et devient la « prudence (1) ».

L'obéissance est la seconde propriété de la vertu. Intimement unie à la diligence et à la sagesse, elle consiste à faire ce que commande la raison et à ne pas faire ce qu'elle défend, dès que nous le savons. Toutefois, c'est à la définition générale de la vertu qu'elle se rattache directement ; car c'est l'amour de la raison qui nous conduit immédiatement et par avance à cette résolution de nous conformer à ce qu'elle nous prescrira. Ce qu'ordonne la raison, il faut le faire fréquemment, aussi souvent qu'elle le requiert ou aussi souvent qu'on le peut ; ce qu'elle défend, on ne doit jamais le faire. Certains « secours » nous permettent d'arriver à l'obéissance : il est bon, par

---

(1) *Eth.*, Tract. I, Cap. II, sect. I, § 1 (III pp. 18-21) ; cf. *Ann. ad eth.* (III p. 175-182).

exemple, de nous détacher graduellement de ce que prescrivent uniquement les institutions et les coutumes des hommes, l'autorité ou le consentement universel. Certes, il sera souvent bon de se comporter comme les autres hommes et de se soumettre aux mœurs courantes, mais sous la réserve expresse que l'on agit ainsi non pas parce que tout le monde le fait, mais parce que la raison exige que je me conforme à ce genre de vie. Ainsi, nous ne serons pas les esclaves des habitudes humaines, lorsqu'elles seront déraisonnables ; nous n'obéirons à un maître que si ce qu'il nous commande est conforme à la sagesse et, s'il voulait nous faire accomplir des actes que notre raison désapprouve, nous lui résisterions, dût-il employer pour nous contraindre le fouet, la corde, la fourche ou la mort. En un mot, nous ne reconnaissons d'autre autorité que celle de la raison. Le « fruit » de l'obéissance ainsi entendue est la liberté ; nous savons, en effet, en quel sens Geulincx proclame que « celui qui est l'esclave de la raison n'est pas esclave », puisque cette raison, expression de la toute puissance de Dieu, confère à qui la possède une règle de conduite si sage et si conforme à l'ordre général du monde, qu'en la suivant, on ne rencontre aucun obstacle et l'on ne subit aucune contrainte. Obéissant à la raison, le sage fait tout ce qu'il veut, puisqu'il ne veut que ce qui doit être, en vertu du décret divin (1).

La justice est la troisième fille de la vertu. En effet, puisque la vertu est l'amour « unique » de la raison, il y aura lieu de retrancher de nos actes, comme détestable, ce qui n'est pas conforme à la raison et d'y ajouter ce qui

---

(1) *Ibid.*, ibid., § 2 (III pp. 21-24) ; cf. *Ann. ad eth.* (III p. 182-192).

leur manque pour être pleinement raisonnables. La justice serait donc, en ce sens, postérieure à l'obéissance, puisqu'elle paraît être appelée à ratifier après coup ce que cette vertu nous a prescrit de faire ; mais elle lui est tout aussi bien antérieure ; car on n'exécute pas l'ordre de la raison sans s'être préoccupé de ne tomber ni dans l'excès, ni dans le défaut. Il convient à la justice de ne faire ni trop ni trop peu. En ne faisant rien autre que ce que la raison commande, la vertu est pure ; en remplissant toute la mesure, elle est parfaite. « Pureté » et « Perfection » sont les deux parties constitutives de la justice. Il y a des fautes contre la justice, qui sont des vices par excès et d'autres, des vices par défaut ; mais ces termes sont tout relatifs, car une même passion peut être tantôt un vice par excès, tantôt un vice par défaut, selon les circonstances et si, dans les deux cas, la raison ne prescrit pas exactement la même chose. Ainsi l'orgueil peut être produit par trop de fierté d'âme ou par trop peu de modestie et la lâcheté, au contraire, par un excès de modestie ou un manque de fierté. En morale, le degré d'intensité d'une action doit être l'objet d'une considération sérieuse et attentive ; car de lui dépend la nature ou l' « essence » de cette action. Aussi, les façons de parler du vulgaire ne sont-elles pas rigoureuses ; il confond, quand il s'agit de justice, « presque » avec « tout à fait » et « très peu » avec « pas du tout ». Or, de même qu'un nombre, quel qu'il soit, perd sa valeur s'il lui manque une seule de ses unités, ou s'il en a une de trop, de même, pour peu qu'on s'écarte de la raison, on lui est infidèle et on est rebelle à l'ordre divin. La précision dans les termes que nous employons pour qualifier nos actes nous sera donc un « secours » puissant dans l'accomplissement du devoir de justice. En dépit des apparences, seul le juste fait assez (*satisfacit*); tous les autres font trop ou trop peu (1). Le « fruit » de la justice est la « satisfaction » entendue en ce sens, juste milieu entre deux extrêmes, sagesse entre deux erreurs. Cette « satisfaction » peut amener accidentellement avec elle le « contentement » (2) ; mais cet état de l'âme est, en réalité, une « passion » et la morale n'a ni à le rechercher, ni à s'en occuper.

Nous arrivons enfin à l'humilité, qui, d'après Geulincx, est la vertu la plus caractéristique, la forme la plus pure et la plus directe de l'amour de la raison, celle sur laquelle il insiste avec le plus de complaisance et le plus de développements. Elle domine toutes les autres vertus, qui sans elle sont frustes et inefficaces. Elle doit être définie le mépris de soi par amour pour Dieu et pour la raison. Elle a donc deux éléments ou deux parties que l'auteur désigne par ces deux termes « *inspectio sui* » et « *despectio sui* » : se connaître et s'abaisser. Le premier de ces devoirs est la matière du second, comme le dit notre philosophe, empruntant ici le langage de l'Ecole. En effet la connaissance du moi dans ses rapports avec Dieu et avec l'univers nous révèle sa faiblesse, sa dépendance, son impuissance radicale et nous avons montré, d'une manière détaillée, par quelle conception métaphysique de l'homme, esprit auquel a été joint un corps, Geulincx a établi notre limitation dans la passion et dans l'action, dans la naissance et dans la mort, toutes choses qui ne dépendent que de Dieu ; simples spectateurs d'un monde sur lequel nous ne pouvons rien, nous n'avons rien à vouloir. « *Ubi nihil vales, ibi nihil velis !* »

---

(1) *ibid.*, ibid., § 3 (III pp. 24-28) ; cf. *Ann. ad eth.* (III, p. 192-199).
(2) Ce mot est en français dans l'« Argumentum hujus § 3. » (III p. 199).

l'obéissance à ce précepte, dans lequel nous avons montré le fondement de toute la morale, nous conduit à nous mépriser ; ou plutôt le terme de mépris doit être évité : il est trop absolu ; si, sous prétexte de se mépriser, l'homme s'imposait des privations excessives ou commettait sur lui-même des sévices inutiles, il ne serait pas raisonnable ; il n'est nullement défendu à l'homme vertueux de faire ce qui lui sera utile ou avantageux, s'il le fait uniquement pour obéir à la raison ; ne parlons donc que d'un « mépris négatif » de nous-mêmes (*contemptus negativus*), qui consiste dans l'oubli de soi et l'abandon complet que nous faisons à Dieu de notre personnalité tout entière. « Ne faire aucun cas de moi-même... ne prétendre exercer aucune action hors de moi... n'avoir d'autres soucis que ceux que Dieu m'impose, ne pas travailler à mon bonheur, à ma béatitude, à ma consolation, mais à ma seule obligation », voilà la description la plus exacte de cette « *despectio sui* » (1). Tu ne peux rien, me dit l'examen de moi-même : Tu ne dois rien vouloir me dit le mépris de moi et c'est là que nous trouvons le fondement de l'humilité.

Cette vertu considérée comme un abandon à la volonté et à la loi de Dieu implique, si nous voulons la pratiquer durant toute notre vie, depuis notre naissance jusqu'à notre mort, sept obligations principales, qu'il est facile de déduire du principe « *ubi nihil vales, ibi nihil velis* ».

D'après la première de ces obligations, le sentiment de mon impuissance, la reconnaissance de l'infinie sagesse de

---

(1) *Eth.*, tract I, cap. II, sect. II, §§ 1, 2, 3 (III pp. 28-37) ; cf. *Ann. ad eth.* (III pp. 199-223). Geulincx reprend et développe ici les fondements métaphysiques de sa morale. (V. notre chapitre 1ᵉʳ).

Dieu et l'amour que je dois avoir pour elle m'ordonnent d'être entièrement soumis à sa volonté. Vouloir lui résister ne servirait de rien, puisque nous n'avons aucun pouvoir hors de notre âme et cette résolution même serait une impiété et le plus grand des crimes. En particulier, je ne dois pas regretter la vie lorsque je la quitte ; car c'est seulement sur un ordre formel de Dieu que mon corps cesse de m'être uni. Aussi, même si ma conscience n'est pas en paix, je ne dois pas souhaiter un délai ; « quand Dieu me mandera, j'accourrai aussitôt, avec toute mon âme ; je partirai de grand cœur, avec bonne volonté ; je volerai (1) ».

Mais, pour les mêmes raisons, je dois attendre cet appel de Dieu ; la seconde obligation proclame qu'il y a une aussi grande faute à vouloir venir sans être appelé, qu'à prétendre ne pas venir quand on est appelé ; la liberté humaine, que Sénèque et les Stoïciens invoquent ici, n'existe pas, puisque tous nos actes extérieurs et, en particulier, toutes nos entreprises sur notre propre organisme ont pour cause directe la volonté de Dieu et les lois qu'il a données au monde physique ; frapper le corps, le blesser, le détruire exigent du mouvement ; or le mouvement n'est pas en notre pouvoir et, quand nous le voulons et qu'il s'accomplit, ce n'est pas parce que nous le voulons, mais parce qu'en même temps que nous, Dieu le veut. Le suicide est donc, d'abord, un crime de désobéissance contre la volonté du Tout-Puissant, et c'est, de plus, une rébellion stérile, puisque ceux-mêmes qui semblent réussir à s'enlever la vie ne sont leurs propres meurtriers qu'en apparence et en intention ; en réalité, c'est Dieu seul qui les tue. Donc, si

---

(1) *Eth.*, ibid., § 4 (III p. 37, sq.) ; cf *Ann. ad eth.*, (III pp. 223-225).

aucun plaisir ne doit m'attacher à la vie, aucune affliction, si grande soit-elle, ne doit me la faire déserter (1).

Cette obligation est essentielle ; la combattre ou l'oublier ce serait détruire toute l'éthique. C'est d'elle que découle immédiatement la troisième obligation, qui a trait à la bonne conservation et à l'entretien de notre corps. Si, en effet, je néglige mon corps, je meurs, je me tue par un véritable suicide. Je dois donc « refaire mon corps, manger, boire, dormir... d'une manière modérée », éviter les dangers, user de remèdes et demander des secours à autrui, même avec insistance. Je ne dois pas moins veiller à la durée de l'espèce humaine qu'à celle de mon individualité : « la plus grande partie du globe manque d'habitants » ; engendrer, transmettre la vie et même la multiplier est un devoir strict, dont seuls sont exempts ceux qui, doués d'une sagesse exceptionnelle, rendent, par la fécondité de leur enseignement, plus de services à l'humanité que s'ils se bornaient à la propager par une action physique. Mais ici une objection se présente à notre auteur : S'il ne nous est ni possible, ni permis de collaborer activement à notre mort, si Dieu est le maître du trépas et des circonstances qui le préparent, ne devons-nous pas dire qu'il est aussi le maître de la vie et des mouvements qui la répandent et, persuadés de sa toute puissance, confiants d'ailleurs dans sa sagesse, ne lui laisserons-nous pas le soin de pourvoir lui-même, et sans que nous fassions rien pour l'aider, soit à notre existence, soit à celle du genre humain ? Ce serait là, répond aussitôt Geulincx, mal pratiquer la

---

(1) *ibid.*, ibid., §5 (III pp. 38-14); cf. *Ann. ad eth.* (III pp. 225-238), et *Met. vera* III. pars, 8ᵉ sc. (II p. 104 sq.).

règle de l'humilité, mal nous connaître et nous abandonner mal à la volonté divine ; l'ordre de Dieu réclame notre assentiment, notre collaboration ; c'est coopérer avec Dieu que de ne pas hâter notre mort ; mais c'est aussi comprendre ses ordres et les accepter que de vouloir ce qu'il veut et d'avoir soin de son corps, comme il le permet et l'ordonne. La confiance en Dieu doit avoir pour unique effet de nous enlever tout souci sur l'issue de nos efforts ; quoi que nous désirions, quel que soit le succès de nos entreprises, tout sera pour le mieux selon le décret divin, soyons-en persuadés ; soyons plus particulièrement assurés que le sort qui nous attend après la mort, tout mystérieux, inconcevable et inexprimable qu'il est, répondra à la fois à la justice et à la bonté de l'Être suprême (1).

La quatrième obligation est le complément de la troisième. Pour maintenir son existence comme il le doit, l'homme exercera une profession ; pour la choisir, il se conformera aux règles de la justice ; d'abord, en évitant l'excès et le défaut, c'est-à-dire en ne demandant à l'exercice de sa fonction que ce qu'il faut pour vivre sans bassesse, ensuite en recherchant un emploi conforme à ses aptitudes et à sa condition personnelle et en se souvenant que tous les métiers sont égaux en dignité, pour qui les exerce dignement. Ma profession une fois choisie, je ne dois pas me considérer comme absolument enchaîné par ma décision ; cependant, je ne l'abandonnerai que si j'y suis contraint et pour des motifs graves ; je serai donc persévérant et si, malgré ma constance et mon application, je ne parviens pas à remplir ma tâche, ou si je n'obtiens

---

(1) *ibid.*, ibid., § 6 (III pp. 44-48) ; cf. *Ann. ad eth.* (III pp. 238-245).

pas le poste que je sollicite, je ne dois en contracter aucun souci : j'ai agi raisonnablement ; ma bonne intention doit assurer le repos à ma conscience et m'inspirer une confiance absolue (1).

Dans l'exercice de ma profession, je dois tout supporter avec patience, les railleries et les injustices, les compétitions et les échecs, l'ignorance et la cruauté des foules ; le devoir m'ordonne en outre de progresser sans cesse dans mon art, en y déployant la plus grande activité et le zèle le plus assidu. « *Multa pati, multa facere* », telle est la devise qui résume la cinquième obligation (2).

En vertu de la sixième obligation, il nous est recommandé de ne pas fuir les délassements de l'esprit et du corps ; il est même prescrit de les provoquer. Mais deux conditions doivent dominer cette recherche : d'abord, la modération, qui est le fruit de la justice, ensuite et surtout la considération du but poursuivi. Ce n'est pas pour jouir du plaisir, que nous prendrons part aux divertissements, ce n'est pas même, comme le voulait Sénèque, pour chasser les soucis, retrouver ainsi la tranquillité de l'âme et reprendre, dans le calme, la liberté nécessaire à la vie bienheureuse. Les distractions ne sont, en réalité, qu'un moyen pour récupérer de nouvelles forces, comme la détente de l'arc au repos n'est qu'une bonne précaution pour lui permettre plus tard de mieux remplir son office. Par cette distinction entre les délassements pris comme fins et ceux qui ne sont que des moyens, nous pouvons séparer les méchants des bons, même s'ils se livrent à des amusements identiques ;

---

(1) *ibid.*, ibid., § 7 (III pp. 48-50) ; cf. *Ann. ad eth.* (III pp. 245-248).
(2) *ibid.*, ibid., § 8 (III p. 50) ; cf. *Ann. ad eth.* (III p. 248).

les premiers agissent de la sorte « parce que cela leur
plaît », par amour pour eux-mêmes ; les seconds, qui se
haïssent bien plus qu'ils ne s'aiment, le font exclusivement
par amour pour l'ordre divin. Ici encore, c'est uniquement
dans l'attitude intérieure de l'âme ou, pour parler exactement, dans l'intention, que se trouve la moralité (1).

Les deux premières obligations avaient trait à la mort,
les quatre autres à la vie et à la manière de la mener, la
dernière se rapporte à notre naissance ; elle nous prescrit
de ne jamais regretter d'être venus au monde et d'être
satisfaits de l'existence qui nous a été donnée. D'ailleurs,
en vertu du principe général de la morale : « *ubi nihil vales,
ibi etiam nihil velis* », qui est aussi le fondement plus
particulier de la vertu d'humilité, l'individu qui n'a pas été
consulté lorsqu'il a dû naître, c'est-à-dire lorsqu'un corps
a été donné à son âme, l'individu, qui n'a pu, en aucune
façon, agir sur sa propre naissance, n'a, sur un tel sujet, ni
regret, ni souhait rétrospectif à formuler. Puisque Dieu a
voulu nous appeler à la vie en ce monde, nous devons
considérer l'existence comme un bienfait et nous en réjouir.
Même si nous nous voyons « flottant sur une mer d'infor-
tunes, ballottés de calamités en calamités », aucune parole
de malédiction ne s'échappera de notre bouche, ni contre
nos parents selon la chair, ni surtout contre notre Père
céleste. Quels sont d'ailleurs ces périls et ces maux, auxquels nous nous prétendons exposés ? Les douleurs physiques, la crainte, l'ignorance, la méchanceté, voilà de
sérieuses infirmités, que bien souvent je ne mérite pas et
qui sont assurément très propres à me faire trouver mau-

---

(1) *ibid.*, ibid., § 9 (III p. 51-54) ; cf. *Ann. ad eth.* (III pp. 248-251).

vaise et injuste la condition humaine. Je suis tenté de les justifier en disant, comme Platon, que j'ai été « précipité dans le corps, comme dans une prison, pour y subir la peine que j'ai méritée », avec cette aggravation que j'ai à jamais perdu le souvenir du crime que je dois expier ; ou faut-il dire que c'est un de mes ancêtres, le premier homme, qui a péché et qui m'a transmis ce lamentable héritage. Mais qu'importe ? Je n'ai pas à me poser ces questions : l'humilité les rend inutiles ; celui qui a dépouillé l'amour de soi ne fait aucun retour sur sa condition, il ne la juge pas, il l'accepte avec des paroles de remerciement et de reconnaissance. Les maux n'existent que pour ceux qui songent à eux-mêmes, mais non pour les humbles de cœur et les âmes dévouées à Dieu. Nous devons croire que les souffrances sont providentielles et que le bien naîtra du mal : il n'est pas jusqu'à la vertu qui ne puisse sortir du vice, par l'intermédiaire du repentir et de l'amendement qu'il amène (1).

Ainsi toutes les obligations que Geulincx dérive de la formule générale de l'humilité le conduisent à un optimisme confiant, ou plutôt résigné, qui est fondé sur l'amour de Dieu et l'abandon de l'homme aux desseins de sa suprême sagesse.

Quant aux « secours » propres à nous fortifier dans la pratique de l'humilité, le plus efficace consiste à se préoccuper non du bonheur, mais seulement des obligations que nous impose la raison et que nous tirons de la connaissance de nous-mêmes, quand elle est exacte et impartiale. Le bonheur, d'ailleurs, n'est qu'un fantôme ; qui le poursuit

---

(1) *ibid.*, ibid., § 10 (III p. 54-57) ; cf. *Ann. ad eth.* (III pp. 251-257).

est assuré de ne pas l'atteindre. Cessons donc d'en faire l'objet de nos désirs et le but de notre conduite. Et surtout abandonnons-le franchement, sans arrière-pensée, sans duplicité ni calcul ; ne croyons pas, comme on le prétend parfois, que le meilleur moyen d'être heureux, c'est de ne pas rechercher le plaisir ; cette « ruse de chasseur » serait, elle aussi, déjouée, puisque le voluptueux qui emploie cet artifice a, en définitive, le bonheur pour but, aussi bien que celui qui veut atteindre directement la jouissance et le déclare ouvertement ; et l'un ne réussira pas mieux que l'autre. Certes, si le bonheur se présente à nous, nous ne devons pas le repousser « avec les poings et le bâton » ; ce serait là la conduite d'un fou et d'un impie ; mais nous ne devons rien faire ou rien omettre en vue de l'obtenir ; vis-à-vis de lui, nous dit Geulincx, « nous devons nous comporter d'une manière purement négative ». Même s'il s'agit de la béatitude éternelle, il ne nous est pas permis de travailler à l'acquérir ; nous sommes tenus à n'agir que selon les ordres et les défenses de Dieu, « uniquement parce qu'il ordonne et qu'il défend ». Certes il n'est rien de plus doux, de plus pur et de plus noble que les « chastes délices d'un esprit qui s'est voué à Dieu » ; elles adoucissent la vie, la calment et l'apaisent ; et cependant, si c'est pour elles seules que je m'attache à la vertu, je ne suis déjà plus vertueux ; « ce n'est plus la vertu que je recherche, mais la joie, ce n'est plus à la raison que j'obéis, mais à l'amour-propre.... ; à l'obéissance je préfère le plaisir, je me préfère à Dieu ». L'âme étrangère à tout sentiment de concupiscence et sourde à l'appel du plaisir sera seule forte et préparée à l'obéissance et à l'humilité (1).

---

(1) *Ibid.*, ibid., § 11 (III p. 58-63) ; cf. *Ann. ad eth.* (III pp. 257-263).

Le bonheur n'est donc pas le « fruit » de l'humilité. Et, s'il en est la récompense, nous ne devons pas l'envisager comme tel ; il faut nous garder d'en tenir compte ; car c'est « un poison mortel » pour la vertu. Laissons à Dieu le souci intégral de notre élévation ou de notre abaissement ; nous l'aimons d'un amour d'obéissance, il nous rend un amour de bienveillance, amour sans mesure, comme tout ce qui vient de lui. Voilà le vrai bonheur ; sans y prétendre, sans y songer, on peut le considérer comme le résultat de l'humilité ; si on l'exprime par un mot, on peut dire qu'il est la sublimité ou l'élévation qu'atteignent, par leur attitude même, ceux qui ne songent qu'à s'abaisser. Lorsque je m'abandonne sans réserves, c'est « Dieu qui me reçoit » et me fait participer à sa grandeur (1).

## 2. — *LES VERTUS PARTICULIÈRES ET LEURS APPLICATIONS*

L'étude de l'humilité occupe dans la morale de Geulincx une telle place que cette vertu paraît être toute la vertu et que, devant elle, la diligence, l'obéissance et la justice s'effacent jusqu'à disparaître. Une telle affirmation serait cependant inexacte ; ce qu'il y a de vrai, c'est que, d'après notre philosophe, les vertus qu'il nomme « cardinales » ne sont pas, en réalité, distinctes les unes des autres ;

---

(1) *Ibid.*, ibid., § 12 (III p. 64-65) ; cf. *Ann. ad eth.* (III pp. 263-268).

elles se présentent à l'abstraction de l'esprit comme les propriétés multiples de la vertu simple et unique. Ce ne serait pas assez de dire et de reconnaître que les vertus cardinales se prêtent les unes aux autres un mutuel appui ; il faut aller jusqu'à leur pénétration réciproque et leur confusion, parce qu'elles sont toutes engendrées par le culte de la raison. Comme il n'y a qu'une raison, il n'y a qu'un amour de cette raison, il n'y a donc qu'une vertu. Celui qui la possède est à la fois zélé et juste, obéissant et humble ; ses actes et ses pensées expriment et manifestent à la fois les quatre vertus cardinales.

Cette unité fondamentale de la vertu ne sera pas non plus compromise par la reconnaissance d'une multiplicité de vertus dérivées, que l'on nomme vertus particulières et qui ne sont, en fait, que l'application de la vertu en général, ou d'une des vertus cardinales, à tel ou tel cas spécial, qui se rencontrera dans l'existence. Il y aura des circonstances où l'homme de bien, dirigé par la même raison, devra se montrer libéral et d'autres où il sera économe ; tantôt, il plaisantera avec politesse et urbanité, tantôt il mettra dans son attitude toute la gravité et l'austérité qu'exigera une situation exceptionnellement sérieuse ; il est des occurrences où il se révélera surtout tempérant, d'autres ou il sera courageux ; mais ces diverses manières d'être ou d'agir lui seront toujours imposées par une seule et même vertu, immuable et indivisible. Si bien que le fameux paradoxe stoïcien : « celui qui a une vertu les a toutes », est vrai, non seulement quand il s'agit des vertus cardinales, mais encore pour les vertus particulières; celui qui n'en pratiquerait qu'une ne posséderait pas même celle-là ; il n'en aurait que l'apparence ; s'il paraît lui obéir, ce ne peut être que par hasard ou pour un motif sans valeur morale ; car si, dans un cas particulier, il lui était arrivé de reconnaître l'autorité de la raison, ce qui est la caractéristique de la vertu, il lui serait désormais impossible de ne pas l'aimer exclusivement, lui obéir toujours et en tous points et par suite de posséder simultanément toutes les vertus. Si de deux devoirs, que commande également la raison et qui ne sont pas inconciliables, j'accomplis l'un et je néglige l'autre, je n'aurai pas agi raisonnablement et je n'aurai pas été vertueux, même si ma conduite extérieure a été conforme aux exigences de la vertu.

De là encore cette conséquence (1) que toutes les vertus sont égales entre elles. L'affirmation de cette égalité heurte et contredit la croyance commune ; c'est que le vulgaire confond l'importance et l'urgence du devoir effectivement accompli avec la valeur de la vertu qui nous porte à l'accomplir. Si une vertu était plus grande qu'une autre, comme nous devons toujours agir pour le mieux, la prétendue vertu moindre serait, en réalité, un manque de vertu, c'est-à-dire un vice. Si mon père et mon esclave se noient, je pense que je serais plus vertueux si je sauvais de préférence mon père : en fait, si je crois cela, je dois aller jusqu'à dire que l'acte de sauver mon esclave est moralement inférieur et mauvais. La vertu a quelque chose d'absolu ; dès qu'elle n'a plus ce caractère, elle n'est plus la vertu ; elle commence à être, ou même elle est déjà, son contraire, le vice. Proclamer l'inégalité des vertus, nous amènerait donc à cette conclusion contradictoire ou absurde, qu'il y a des vertus que l'on ne doit pas

---

(1) *ibid.*, Tract. II, 1re part., § 2 (III pp. 69-71).

avoir, des vertus qui logiquement sont des vices. Et comme les devoirs que l'on prétend supérieurs tirent toute leur importance des occasions extérieures qui ont permis à l'agent moral d'agir ainsi et non de la disposition intérieure de son âme, qui cependant seule constitue toute la vertu, il n'y a pas plus de vertu à accomplir ceux-ci, plutôt que d'autres réputés inférieurs. En effet, l'acte extérieur ne dépendant pas de nous est sans importance morale et toute la vertu consiste dans cette formule : je veux, d'une manière efficace, faire ce qu'ordonne la raison. C'est de cette définition que viennent immédiatement, comme conséquences, l'unité indivisible de la vertu et l'égalité fondamentale des vertus (1).

D'où il résulte aussi que les « vertus particulières » ne sont que des « vertus cardinales » qui trouvent à manifester, en présence des événements extérieurs, les virtualités qu'elles renfermaient en puissance et qui ne demandaient qu'à s'exprimer (2). Car nous ne pouvons oublier que, si la vertu est l'amour de la raison et le ferme propos d'obéir à ce qu'elle commande, et si, en ce sens, elle est une disposition tout intérieure de l'âme, cependant, et malgré l'impuissance radicale de l'homme à agir sur les choses extérieures, la vertu nous ordonne de contribuer, autant que nous le pourrons, c'est-à-dire par notre décision volontaire longuement délibérée et bien arrêtée, à réaliser dans le monde l'ordre rationnel et divin. S'il en est ainsi, un acte extérieurement conforme à la vertu, mais qui n'est pas uniquement la réalisation d'une disposition intime de l'âme éprise de

---

(1) *Ibid.*, ibid., § 3 (III p. 71 sq.).
(2) *Ibid.*, ibid., Proem. (III, p. 66 sq.).

raison, ne peut pas être considéré comme vertueux ; et réciproquement notre devoir n'est pas accompli, si nous nous contentons d'une sorte de velléité vertueuse et si nous ne poussons pas notre intention jusqu'aux limites extrêmes de l'exécution, c'est-à-dire jusqu'à un point que le pouvoir de l'homme ne saurait franchir, mais qu'il peut et doit atteindre (1).

C'est, nous le voyons maintenant, parce qu'il est moralement obligatoire d'appliquer la disposition vertueuse de l'âme aux événements dont la trame constitue notre vie, qu'il y a des vertus particulières. Parmi celles-ci, les unes prennent naissance lorsque nous nous trouvons en présence de notre propre personnalité consciente et sont dirigées vers ce qui nous concerne directement et immédiatement ; d'autres se rapportent aux devoirs que la vertu nous porte à rendre à Dieu ; d'autres enfin ont trait aux décisions morales dont l'existence des autres hommes est le but ou l'occasion. Il y aura donc des vertus particulières, distinctes par leurs objets : les premières tendent vers l'individu lui-même, les secondes sont orientées vers la divinité et les troisièmes vers les hommes nos semblables (2).

Par conséquent, pour dresser d'une manière méthodique et complète la liste des vertus particulières et pour les définir, il faudra rechercher ce que deviennent, sous chacune de ces rubriques, les quatre vertus cardinales. Et comme l'humilité est la réalisation la plus complète et la plus caractéristique de la vertu, il suffira sans doute de déterminer comment s'affirme cette attitude de l'âme, en

---

(1) *ibid.*, ibid., 1ᵉ part., § 1 (III p. 68 sq.).
(2) *ibid.*, ibid., § 4 (III pp. 72-74).

présence de la variété des circonstances qu'elle envisage et des fins particulières qu'elle veut atteindre.

En ce qui concerne la vertu individuelle, nous voyons que l'humilité, au sein de la prospérité, prend la forme de la tempérance, tandis que, lorsqu'elle se manifeste dans l'adversité, elle se nomme le courage. En effet, l'homme tempérant, c'est celui qui, si la fortune lui est favorable, n'use des biens qu'elle lui prodigue, — santé, vigueur, beauté, volupté animale, bonheur humain, plaisir intellectuel, — qu'en se conformant aux exigences de la raison et en se maintenant d'accord avec elle ; or, celle-ci lui impose de ne pas ambitionner ces divers avantages de la fortune et d'en jouir sans excès, mais cependant de ne pas les rejeter ni les mépriser, en s'efforçant d'atteindre, par une pénible recherche, — qui n'est, au fond, qu'un dangereux orgueil, — je ne sais quel idéal d'insensibilité et d' « apathie ». L'attitude de l'homme vertueux en face des biens sera donc « purement négative » ; car, s'il lui arrive d'accomplir des actes qui auront pour aboutissement une satisfaction égoïste, il ne les accomplira jamais pour obéir à l'impulsion de l'amour-propre, mais seulement parce que la raison veut qu'il en soit ainsi (1).

Quant à l'homme courageux, il se trouve en présence de l'adversité, de la douleur, de l'imperfection et du mal, sous toutes leurs formes ; mais il sait que les calamités ne nous affectent et ne nous abattent que quand elles nous ont atteints contre notre attente et la décision de notre volonté, il comprend que l'adversité étant au nombre des choses naturelles, doit être prévue, acceptée et voulue, en un

---

(1) *Ibid.*, ibid., §§ 5 & 6 (III pp. 74-78).

acte de sagesse et d'amour, par lequel nous nous soumettons à l'ordre de ce monde, dont elle est partie intégrante, il sait que l'imperfection n'est qu'apparente, comme le mal lui-même, et que notre volonté ne doit jamais combattre la marche des événements, ce qui serait combattre Dieu. L'homme courageux voudra tout ce qui est, à l'exception du seul péché. Ainsi le courage ne consiste pas à nier la douleur ; une telle attitude, quand elle existe, n'est qu'un endurcissement fortuit sans valeur morale. Etre courageux, c'est considérer en face tout ce qui est mauvais, non pas pour le supprimer, le détourner, le modérer, ou, au contraire, pour le rechercher, mais pour le comprendre et l'accepter ; celui qui possède cette vertu est persuadé qu'il ne peut s'empêcher d'être malheureux, ni de trembler, ni de pâlir, mais que ce ne sont là ni des biens, ni des maux, en donnant à ces termes une signification morale : le mal consisterait seulement à se laisser déterminer par ces sentiments de crainte ou de terreur, à penser et à agir sous leur impulsion, en négligeant le commandement du devoir. Egalement éloigné de la « folle témérité » et de la lâcheté, le courage est une patience fondée sur la raison : il est l'humilité dans le malheur, comme la tempérance est l'humilité dans le bonheur (1).

Dans le « domaine des choses divines », la vertu revêt la forme de la piété et cette vertu n'est qu'un nouvel aspect de l'humilité, considérée à la fois comme connaissance de soi et renoncement à soi. En effet, s'examiner soi-même et se détourner de soi ne sont qu'une méthode pour connaître Dieu et pour s'élever à lui ; c'est le sentiment de notre

---

(1) *ibid.*, ibid., 2ᵉ part., §§ 7 & 8 (III pp. 78-81).

elle traduit avec la plus grande exactitude le rapport de l'homme à Dieu.

Cependant nous ne sommes pas seuls en face de Dieu : nous vivons au milieu de nos semblables ; nous avons l'obligation de les connaître et cette connaissance doit nous amener à les mettre à leur véritable place dans nos préoccupations, c'est-à-dire exactement au même rang que nous. La vertu qui résulte de cette considération, c'est l'équité ; elle proclame que notre prochain est notre égal en dignité et cette formule nous amène à lui accorder, en toutes circonstances, aide et assistance (1); indiquons cependant cette restriction, que tout secours fourni à un de nos semblables doit avoir pour unique but de lui permettre de satisfaire aux obligations que lui impose la raison. L'équité nous ordonne donc de sauver notre prochain en péril, de le soigner, s'il est malade, de lui fournir des aliments, s'il en manque, de lui donner des avertissements et des conseils ; car tout cela lui est indispensable pour vivre et accomplir sa tâche morale ; mais nous ne devons flatter ses manies, servir ses passions, travailler à son bonheur ou à sa fortune, venir en aide à son honneur, lui prodiguer même des consolations et adoucir ses peines, que si le bien que nous lui faisons est pour lui un moyen nécessaire ou utile pour accomplir ses obligations.

L'équité m'ordonne plus spécialement d'accorder à autrui ce qui lui est dû strictement et même, dépassant les pres-

---

(1) « Obligatio opis et auxilii in eum conferendi ». On voit combien est injuste la critique des commentateurs qui, comme M. VANDER HAEGHEN, reprochent à Geulincx d'avoir écarté de sa morale « la charité, cette vertu active par excellence, qui devrait figurer à côté de la justice. » (*op. cit.* p. 157 ; cf. p. 141, note 3).

criptions de la « justice commutative » et de la « justice distributive », d'aller jusqu'à lui donner plus que ce qu'exigerait le droit absolu. C'est à cette forme supérieure d'équité que se rattachent la libéralité, la clémence, la politesse et un nombre très considérable d'autres vertus particulières du même genre (1).

Nous trouvons enfin, dans Geulincx, le souci de poursuivre l'étude de la vertu jusque dans la pratique quotidienne de la vie, de montrer ce qu'elle doit être et toutes les formes qu'elle doit revêtir, pour amener, dans le détail des actions journalières, des réalisations en harmonie avec le commandement de la raison. On y parviendra par la « circonspection ». Nous sommes comme le peintre, qui, par un travail bien dirigé, serait arrivé à établir, dans son esprit, le type ou le modèle d'une œuvre conforme à son idéal de beauté et qui maintenant voudrait l'exprimer, sur la toile, avec ses pinceaux et ses couleurs. De même, dans notre recherche théorique du principe moral, nous avons trouvé une règle idéale de vie d'accord avec la prudence, c'est-à-dire avec la raison et nous devons, au point où nous en sommes, faire passer cette conception dans les faits. C'est alors que la vertu devient « circonspection », c'est-à-dire que nous devons ordonner et disposer si heureusement nos pensées, en présence des événements, que l'action définitive s'accorde de tous points avec ce qu'exigent les principes rationnels. Il faut bien remarquer, en effet, que la diversité des circonstances entraîne avec elle des divergences notables dans la façon d'accomplir le devoir. Voici un criminel : si je suis magistrat, je dois le punir ; l'homme privé n'a pas

---

(1) *Eth.*, tract. II, 4ᵉ partie, § 13 (III pp. 89-91).

ce droit et il manquerait de « circonspection », il prouverait qu'il ne s'est pas pleinement inspiré des circonstances, s'il ne restait pas dans son rôle, s'il usurpait une fonction qui n'est pas la sienne et s'attribuait une mission étrangère à son caractère. Pour juger avec circonspection de ce que réclame la vertu, nous devons donc répondre à une série de questions : Et, d'abord, quelle est la condition de l'agent ? — Si c'est nous qui devons agir, commençons par nous connaître et sachons nettement quelle est notre situation sociale, notre rôle dans l'organisme politique dont nous faisons partie. Appliquons la règle : « *Ipse te nosce* ». Que devons-nous faire exactement et dans quelle mesure ? — Evitons tout excès. D'où la parole : « *Ne quid nimis* ». Où et quand devons-nous accomplir le devoir que nous nous sommes assigné ? En public ? devant un cercle choisi de gens intelligents et instruits ? ou seulement dans le secret de l'intimité ? — Nous devons éviter tout ce qui peut ressembler à un scandale ; mais ne poussons pas le scrupule jusqu'à sacrifier le devoir à l'opinion et ne suivons, comme loi, que l'inspiration divine ou sa traduction dans notre raison ; appliquons ce précepte : « *Deus videt* ». Quels moyens faut-il employer pour réaliser le bien ? — Souvenons-nous, en les choisissant, qu'ils ne sont pas toujours pleinement justifiés par la fin et qu'il ne faut pas faire le mal pour qu'il en sorte le bien. Soyons au contraire persuadés qu'une bonne action ne saurait avoir de conséquences fâcheuses ; efforçons-nous seulement à nous servir des moyens les plus modestes pour atteindre les plus grands et les meilleurs résultats. D'où la devise : « *A minimis ad maxima* ». Quelle doit être, d'autre part, la fin de notre action ? — Nous la déterminerons en cherchant à obéir à Dieu et à la raison et en nous astreignant à faire, avec attention, continuité et persévérance, la tâche que nous aurons entreprise ; suivons la célèbre maxime : « *Age quod agis* ». Quant à notre manière d'agir, c'est-à-dire la disposition d'esprit avec laquelle nous nous mettons à l'œuvre et nous poursuivons notre dessein, toutes les attitudes sont possibles, aussi bien le zèle ardent que la méthode froide et lente, aussi bien l'autorité que la plaisanterie ; mais, dans tous les cas, il faut que notre façon d'être ne soit pas le résultat d'un caprice ; elle doit être choisie d'une manière sérieuse, c'est-à-dire délibérément, en conformité avec la raison ; elle doit être aussi l'expression sincère de ce que nous sentons. D'où la formule : « *Serio et Candide* ». A quel moment faut-il accomplir notre devoir ? — Le plus tôt possible, à condition que nous ayons longuement réfléchi, pour comprendre clairement ce que nous devons faire ; nous observerons donc cet adage : « *Deliberandum est diu ; exsequendum cito* » (1).

Tel est le devoir de circonspection et telles sont les maximes pratiques utiles pour en résumer les exigences et pour en faciliter l'accomplissement.

Il est évident que, si on agit avec circonspection, on est en même temps prévoyant ; car, pour déterminer les circonstances ou modalités des actes à exécuter, on a dû calculer d'avance toutes les conséquences, pour rechercher celles qui sont utiles et bonnes et éviter celles qui sont funestes et mauvaises. Parmi ces dernières, la plus pernicieuse est le mauvais exemple. L'honnête homme doit éviter avec soin d'être pour autrui une cause de scandale et, s'il pressent que certaines de ses actions, vertueuses et morales en

---

(1) *Ibid.*, tract. VI, Proem., § 1 (III pp. 140-146).

elles-mêmes, peuvent être mal comprises, mal interprétées ou mal imitées, il s'interdira de les faire, pour enlever aux autres toute occasion de pécher. Car, si nous devons obéir à la raison, il ne faut pas moins nous préoccuper de favoriser chez autrui cette même attitude vertueuse. Mais, si mon abstention, par crainte du scandale, se présentait elle-même comme une faute morale, mon devoir serait de passer outre au scandale possible et de faire ce que commande le décret divin (1).

Sous le nom de *discretio*, notre auteur définit et décrit une autre vertu, qui nous paraît être, en somme, la subtilité à trancher les cas de conscience, conformément aux principes généraux de l'éthique. Cette qualité de l'esprit, qui exige à la fois de la justesse et de la finesse, trouve à s'exercer lorsque nous nous demandons si nous devons accomplir telle ou telle action, qui n'est qu'un moyen en vue d'une certaine fin. Nous savons déjà, d'une part, que les moyens valent ce que valent les fins ; et, d'autre part, qu'on ne doit jamais employer un moyen immoral en vue d'une fin que l'on juge bonne ; mais il peut arriver qu'un moyen, dans l'intention de son auteur et normalement, soit destiné à atteindre une fin déterminée et cependant parvienne accidentellement à produire une autre fin, qui comporte une qualification morale toute différente. En ce cas, c'est la considération de la fin normale et naturelle qui doit l'emporter, quand il s'agit d'apprécier la valeur du moyen employé pour y parvenir. Ainsi, je ne dois pas, au milieu des tortures, mentir, en confessant une faute que je n'ai pas commise,

---

(1) *ibid.*, ibid., § 2 (III p. 146 sq.).

pour faire cesser mon supplice ; mon aveu, en effet, amènera deux fins : l'une bonne, la cessation de ma douleur présente, l'autre mauvaise, une sentence capitale et mon exécution. Celle-ci étant la fin normale de l'acte et se montrant comme manifestement funeste, je ne dois pas avouer. Un marin ne doit pas non plus, en général, faire sauter son navire, pour éviter qu'il soit capturé par l'ennemi ; car la fin la plus immédiate sera la mort d'une grande quantité d'hommes, ce qui est un mal bien plus considérable qu'une captivité. Au contraire, au risque de se tuer, un homme peut sauter d'une tour en flammes pour fuir l'incendie ; car la fin de son acte, c'est-à-dire le salut de sa vie, est une chose excellente et ce but sera probablement atteint, tandis que le suicide possible par une chûte violente n'est qu'un accident, dont il est permis de courir la chance.

Dans le même ordre d'idées, Geulincx va jusqu'à dire qu'il est permis de violer les lois humaines pour accomplir une action vertueuse. Si je meurs de faim, je puis voler un pain pour me nourrir. C'est qu'en effet, les règles sociales ne sont que des approximations, fondées sur des moyennes parfois inexactes et inapplicables. A certains moments, l'expropriation d'autrui et la revendication de ce qu'il possède par la communauté sont des actes conformes à la raison et à la morale. La propriété individuelle est une sorte de convention, dont la rigueur et la fixité sont loin d'être absolues. Dans un seul cas, la nécessité pressante ou le besoin pleinement justifié ne sont pas des raisons suffisantes pour autoriser de telles expropriations : c'est lorsque celui que l'on voudrait frustrer de son bien à des besoins semblables, aussi impérieux et aussi légitimes. Un naufragé, qui va se noyer, n'a pas le droit de ravir par la violence la planche à laquelle s'est cramponné un de ses compagnons. Ces exemples nous donnent un aperçu du genre de calculs auxquels on s'accoutumera, si l'on veut arriver à posséder l'art des distinctions. C'est toujours la raison qui doit être notre guide et la règle qu'elle nous prescrit pourrait s'énoncer ainsi : « On ne doit jamais commettre le mal ; il faut parfois se résigner à le permettre (1) ».

De même que, dans notre « condition humaine », le bien ne peut être atteint sans risques et même sans dommage physique ou moral, de même la sagesse ne va pas, chez l'homme sans quelque ignorance. Or il y a des maux et des vices qui sont intolérables et que l'on doit éviter ou extirper ; il y a aussi une ignorance qui est détestable et qu'il faut faire disparaître ; mais il est des maux nécessaires, il existe de même un état d'ignorance qui nous est naturel, qui est lié à notre qualité de créatures, à notre dépendance et à notre faiblesse. La science, en nous montrant ce que nous sommes, nous révèle notre imperfection ; elle nous enseigne que cette limitation de notre puissance et de notre intelligence constitue notre état normal, qu'il serait inutile, décevant et même impie de vouloir la supprimer, qu'il faut donc la tolérer et la maintenir, l'accepter, puisqu'elle fait partie de l'ordre universel ; si bien que nous arrivons à des formules en apparence paradoxales : La sagesse nous ordonne de conserver notre ignorance, « une grande partie de la sagesse consiste à vouloir ignorer certaines choses ». D'ailleurs, dans la pratique, nous faisons très souvent le mal par ignorance ;

---

(1) *ibid.*, ibid., § 3 (III pp. 147-149).

or, toutes les fois que cette ignorance est telle que nous n'avons aucun moyen de la faire cesser ou qu'il nous est même impossible d'apercevoir son existence, nous ne sommes responsables ni de celle-ci, ni des désordres qu'elle entraîne, parce que notre intention est pure (1).

Comme on le voit, dans toutes ces considérations pratiques, par lesquelles Geulincx applique à la vie quotidienne sa doctrine de la vertu, notre philosophe met sans cesse en évidence l'importance prépondérante de l'intention ; pour lui, la valeur pratique de l'action en elle-même est à peu près nulle et cela ne doit pas nous étonner, puisque, en vertu des principes métaphysiques de son système, les réalisations extérieures et les mouvements qui les produisent ne sont pas en notre pouvoir, notre puissance ne franchissant, dans aucun cas, les limites de notre conscience.

### 3. — *LES FINS MORALES. LA RÉCOMPENSE DE LA VERTU LES OBSTACLES QU'ELLE RENCONTRE*

La détermination des conditions de la vertu, c'est-à-dire des manières d'être de l'âme vertueuse, n'épuise pas le contenu de la morale ; elle n'en révèle que l'aspect le plus subjectif ; il reste à en connaître l'objet ; l'étude de la vie pratique ne saurait être complète, si on ne recherchait pas les fins morales et si l'on n'en mettait pas en lumière la nature et la valeur. Ce point paraît être, à première vue, le

---

(1) *ibid.*, ibid., § 4 (III p. 149-152).

plus obscur de la morale, le plus fréquemment soumis aux disputes des philosophes et aux controverses. Cependant bien des discussions auraient pu être évitées et beaucoup de contradictions apparentes seraient levées, si l'on avait établi une distinction logique entre la fin de l'action (*finis operae*) et la fin de l'agent (*finis operantis*). La fin de l'action est le but dernier où elle conduit, en vertu de sa nature intrinsèque et de sa tendance essentielle. La fin de l'agent est le résultat définitif qu'un homme prétend atteindre par ses décisions et sa conduite ; celle-ci n'est rien en dehors de la conscience : elle consiste tout entière dans l'intention. S'il arrive parfois que ces deux fins coïncident, si, par exemple, la fin de l'étude, — qui est la science, — est identique à la fin que désire obtenir celui qui étudie, il peut y avoir aussi entre elles une grande diversité ou même une opposition complète. Un homme veut éteindre un incendie : voilà son intention, la fin de l'agent ; il commet une erreur et verse de l'huile sur le feu, croyant y jeter de l'eau : la fin de l'action sera une recrudescence du sinistre. De là il résulte que la fin de l'action est immuable, nécessaire et qu'elle est toujours réalisée, puisqu'elle dépend uniquement de la nature des choses, tandis que la fin de l'agent est, dans une certaine mesure, libre ou spontanée et modifiable ; elle peut n'être pas d'accord avec le décret divin et, en ce cas, l'intention reste stérile[1].

Qu'il s'agisse de l'une ou de l'autre des deux fins, le but de l'œuvre et le but de l'ouvrier peuvent être aussi bien et à la fois des choses ou des personnes. Car on agit pour quelque chose, mais surtout au profit de quelqu'un ; ce

---

[1] *Ibid.*, tract. III, § 1 (III p. 92 sq.).

point de vue est le plus important ; car, si on recherche une chose, c'est toujours parce qu'elle est utile ou profitable à soi-même ou à autrui.

Ceci posé, il est facile de comprendre que la fin suprême des actions, quelles qu'elles soient et quels que puissent en être les auteurs apparents, est toujours la personne même de Dieu ; car c'est par lui seul et pour lui seul que tout arrive dans l'univers ; le monde physique et moral n'existe que pour obéir à ses lois, c'est-à-dire pour réaliser sa perfection et pour produire en lui une « satisfaction » ineffable. Quant aux agents moraux, la fin qu'ils considèrent est toujours une personne, pour l'avantage ou le contentement de laquelle ils accomplissent leurs actions ; or, en dépit de toutes les apparences, ce n'est jamais le bien d'autrui que nous cherchons ; même quand c'est à un de nos semblables que nous paraissons nous dévouer jusqu'au sacrifice, nous ne tardons pas à découvrir, en nous interrogeant bien sincèrement, que nous avons agi par amour du gain ou de la gloire, c'est-à-dire par intérêt, ou encore pour satisfaire à un besoin de pitié et pour goûter la joie intime que nous tirons de notre conduite, ce qui n'implique pas moins d'égoïsme. En un mot, la fin ordinaire des intentions humaines, c'est l'amour-propre que nous retrouvons ici comme principe de notre conduite et qui la colore tout entière d'une teinte de vice, puisque nous attribuons à notre propre personne une valeur et une puissance qu'elle n'a pas.

Si nous voulons rectifier notre intention et échapper au péché, que devons-nous faire ? Nous détourner de nous, nous retourner vers Dieu. Il ne faut donc pas poursuivre notre satisfaction personnelle ; mais, d'autre part, il serait absurde de désirer le contentement de Dieu et la réalisation de son règne ; ce serait, en effet, « vouloir une chose faite ». Donc, tout ce que nous pouvons et devons vouloir, c'est la conformité de nos intentions et de nos décisions à la raison, qui est l'émanation de la loi de Dieu (1).

C'est ce que nous verrons plus clairement, si nous distinguons les deux fins générales de toute la conduite humaine : la bienfaisance et l'obéissance. On n'agit que pour donner à autrui ou à soi-même un avantage et c'est là de la bienfaisance ; ou encore pour exécuter les ordres de quelqu'un, — ce qui constitue l'obéissance. Or, en ce qui concerne la première de ces fins, il serait impie de vouloir pratiquer la bienfaisance envers Dieu ; car cela impliquerait de notre part la croyance à un besoin de Dieu, que nous pourrions satisfaire, à une imperfection de Dieu, que nous pourrions combler ou qu'il nous appartiendrait de faire disparaître, à une absurde supériorité de la créature imparfaite sur le créateur parfait. Quant à l'obéissance à Dieu, il n'est pas possible de nous l'attribuer comme fin, d'abord parce qu'il est difficile d'exclure complètement de cette obéissance l'idée d'un avantage personnel que nous nous proposons d'en retirer, tels les esclaves qui obéissent à leur maître dans l'espoir d'une récompense ou pour éviter un châtiment ; mais surtout parce qu'en obéissant à Dieu, nous nous contentons d'être ce que nous sommes et de faire ce que nous faisons : toute la nature, en effet, pratique, sans aucun mérite et sans aucune vertu, ce devoir d'obéissance et le méchant lui-même obéit à Dieu. Donc, bien que l'attitude de l'obéissance convienne mieux à notre faiblesse et à l'humilité qui en résulte, ce n'est pas cette obéissance

---

(1) *Ibid.*, ibid., § 2 (III pp. 93-95).

effective à Dieu qu'il faut nous proposer, mais l'acceptation de la loi qui émane de lui, telle qu'elle se présente à nous. Par là seulement, l'intention des bons se distingue de celle des méchants, comme se distingue leur obéissance. « Comme la loi de Dieu vient de Dieu, nous dit Geulincx, lorsque nous obéissons à sa loi, il semble bien que nous lui obéissons par une obéissance très supérieure à celle des méchants, qui, tout en faisant malgré eux ce qu'il veut, négligent cependant sa loi » (1).

Il est donc permis de dire que Dieu, qui est dans l'univers la fin suprême de toutes les actions, n'est pas d'ordinaire la fin dernière de tous les agents, mais qu'il doit l'être, si l'on donne au mot « doit » sa valeur et sa signification morales (2).

Tout ce que nous venons de dire de la fin de nos actes et de nos décisions, nous pouvons le répéter, sous une autre forme, en essayant de déterminer la nature du bien et de classer les biens. Pour cela, nous partirons d'une définition tout extérieure du bien et du mal et nous dirons que le bien, c'est ce que nous recherchons et le mal, ce dont nous nous détournons (3). C'est qu'en effet, ces notions, comme toutes celles que nous avons coutume de nous forger, ne

---

(1) *Ibid.*, Ibid., § 3 (III pp. 95-97).

(2) *Ibid.*, Ibid., § 4 (III pp. 98 sq.).

(3) « Bonum est quod amamus ; Malum quod aversamur » *Eth.*, tract. III, § 5 (III p. 99) ; cf. : *Met. perip.*, Intr., sect. II (II p. 205) : ...bonum et malum : quorum alterum ab amore nostro, alterum ab odio et aversatione denominantur ». On pourrait rapprocher de ces définitions de GEULINCX un passage de la correspondance de DESCARTES, (d *Elisabeth*, janv. 1646, ed. Adam. l. CDXIX ; t. IV, p. 355) : [Dans la vie], « on prend le bien pour tout ce qui s'y trouve dont on peut avoir quelque commodité et on nomme mal ce dont on ne peut recevoir que de l'incommodité ».

correspondent à rien de primitif dans la nature de l'objet ; c'est en nous-mêmes qu'il faut en chercher l'origine, dans notre amour pour les choses que nous déclarons bonnes et notre aversion pour celles que nous appelons mauvaises. Une même chose, remarque Geulincx, peut constituer le bien pour un homme et le mal pour un autre. De même que ce qui est agréable au goût, pour celui-ci, répugne à celui-là, de même, par exemple, il est mal, pour un particulier, de tuer son semblable, il est bien, pour un juge, de le mettre à mort dans certains cas. Le bien et le mal semblent donc devoir être considérés à un point de vue purement subjectif, le bien étant ce que nous aimons et le mal ce que nous haïssons. Mais ici une difficulté surgit : on dit souvent qu'un individu aime le mal et qu'il n'aime pas le bien. A cette objection, Geulincx fait une double réponse : D'abord, dit-il, quand on prétend qu'un homme se plaît à mal agir, on veut dire tout simplement qu'il aime, dans cette action mauvaise, certains côtés qui sont en effet agréables et que, par distraction ou sottise, il ignore tout ce qui s'y ajoute de haïssable et de pernicieux. S'il en avait une connaissance totale et parfaite, il détesterait ce qu'il aime et le déclarerait mauvais ; tel l'enfant, que charme une pillule dorée, tant qu'il n'en a pas éprouvé l'amertume. De plus, il importe de répartir les choses bonnes, ou aimables, en deux groupes, suivant qu'elles satisfont à l'une des deux formes fondamentales et essentielles de notre faculté d'aimer : notre amour pour nous-mêmes, qui est dépravé, ou notre amour pour la raison, qui est vertueux. Or il arrive bien souvent que ce qui charme notre égoïsme ne correspond pas aux exigences de notre culte pour la vertu et réciproquement. Si donc nous supposions un homme absolument raisonnable, c'est-à-dire dépourvu à la fois d'ignorance et d'égoïsme, jamais ses goûts ne le porteraient au mal et ne le détourneraient du bien et, si tous les hommes étaient également parfaits et sages, il y aurait identité entre leurs jugements sur le bien et le mal. Ces distinctions, que nous avons déjà étudiées, en comparant l'amour-passion, aveugle et intéressé, d'une part, avec l'amour actif, éclairé et désintéressé, d'autre part, nous conduisent à classer les biens sous deux titres : les uns, dont l'ensemble constitue ce que l'on peut nommer l'agréable, correspondent à la satisfaction de l'amour-propre, les autres, que Geulincx appelle l'honnête, répondent à notre zèle pour la raison (1). A côté de l'agréable et de l'honnête, on distingue généralement une autre sorte de biens : l'utile ; mais ceux-ci ne sont pas de véritables fins ; ils consistent plutôt en des séries de moyens plus ou moins immédiats, pour atteindre soit l'agréable, soit l'honnête. On n'aime pas l'utile pour lui-même, mais seulement en vue du bien qu'il nous procure et dans la mesure où il nous le procure (2).

Restent donc l'agréable et l'honnête. Le premier de ces biens est goûté par les bons, comme par les méchants et l'agrément s'attache même à l'honnêteté ; mais ce qu'il importe de remarquer, c'est qu'il s'obtient sans avoir été recherché et que nous en jouissons sans l'avoir poursuivi de notre amour. Il n'y a donc nullement nécessité de le proscrire ; tout ce que l'on doit s'interdire, c'est de le vouloir de propos délibéré, fermement et uniquement ; nous ne pouvons, en effet, oublier qu'un amour dirigé vers l'agréable est une

---

(1) *Eth.*, tract. III, § 5 (III p. 99 sq.).
(2) *ibid.*, ibid., § 6 (III p. 100 sq.).

forme de l'amour de concupiscence, de l'amour-passion, de l'amour de nous-même, et qu'il nous détourne de notre véritable nature et de la vraie fin, qui nous est commune avec l'univers tout entier (1). Le seul bien que nous devons poursuivre, c'est l'honnêteté, c'est-à-dire ce que nous aimons par ordre de la raison, si bien que l'honnête homme, à considérer le fond des choses, n'aime pas proprement ses bonnes actions en elles-mêmes, mais seulement la raison qui les lui commande et, par delà la raison, Dieu lui-même, dont elle est la loi imprimée dans nos âmes.

Ainsi, il y a deux biens, l'agréable et l'utile, c'est-à-dire nous et Dieu. Toutes les choses et tous les êtres que nous aimons, nos amis par exemple, nous les recherchons soit par égoïsme, soit par obéissance au décret divin, qui est la loi rationnelle ; il n'existe, en définitive, que deux sortes d'amour, l'amour-propre et l'amour de la raison, chacun exclusif de l'autre. Mais le premier est, nous le savons, illogique, dépravé et vicieux ; le second seul est conforme à la vraie science, à l'ordre et à la vertu. L'honnête est la véritable fin et le véritable bien : il se confond avec Dieu et c'est pourquoi il est le bien, que nous devons aimer d'une manière absolue, comme Dieu lui-même, parce qu'il est la fin dernière et infiniment parfaite de l'univers créé par lui.

Toutefois, même quand Geulincx propose Dieu comme fin suprême à nos actions et à nos intentions, il continue à distinguer la volonté de Dieu, inviolable et souveraine, à laquelle nul ne peut se soustraire et les prescriptions que le Créateur a déposées en nous, code rationnel, auquel nous paraissons libres d'accorder ou de refuser notre adhésion.

---

(1) *ibid.*, *ibid.*, § 7 (III p. 10) sq.).

C'est à ces prescriptions qu'il faut nous attacher avec notre âme tout entière, si nous comprenons notre condition et notre nature ; c'est vers elles que nous porte notre amour ; elles sont notre bien ; nous devons nous y conformer avec zèle. Mais, pour cela, il faut combattre le péché et le péché c'est, nous le savons, l'égoïsme, la « *Philautia* », l'adversaire que Geulincx rencontre sans cesse en face de lui, qu'il dénonce, qu'il pourchasse, qu'il veut abattre et réduire à néant. Cet amour de soi, qui nous fait désirer uniquement le bien agréable et nous porte à méconnaître et à dédaigner le bien moral, est, en effet, le véritable ennemi ; car, partout où il subsiste, il n'y a pas de place pour la vertu et, partout où il se glisse, il la chasse et règne à sa place. Rappelons-nous que nous ne devons rien faire que par amour pour la seule raison. Là où les motifs raisonnables de notre conduite sont absents, et même là où ils ne règnent pas seuls, il n'y a plus ni vertu, ni moralité, ni sagesse : Dieu est oublié ou méconnu.

Aussi ne suffit-il pas de vouloir le « bien honnête » (*bonum honestum*). Si nous le désirons, parce qu'il est agréable et qu'il y a une douce satisfaction à agir honnêtement, nous ne sommes pas vraiment honnêtes et moraux ; si nous aimons la raison à cause du charme qu'il y a à vivre raisonnablement et de la béatitude que nous goûtons à subordonner nos désirs à l'universelle nécessité, nous ne sommes pas absolument raisonnables et bons ; si nous cherchons dans l'amour de Dieu la plus grande des voluptés et la plus pure des joies, nous n'aimons pas Dieu, nous sommes sacrilèges, car nous faisons de Dieu, fin suprême, un moyen en vue de notre bonheur, de notre égoïsme : nous nous préférons à Dieu. Et cependant, dira-t-on, l'amour de Dieu, le culte de la raison, la pratique de la vertu amènent nécessairement le bonheur. L'homme raisonnable, qui comprend ce qu'est l'univers et quelle est dans l'univers sa propre situation, qui, tenant sa place et son rôle, conforme ses désirs à l'ordre du monde, ne peut qu'être heureux. Ne doit-il pas considérer ce bonheur comme une récompense qu'il a méritée ? Assurément ; et Geulincx ne songe pas à lui ravir la joie qu'il a ainsi conquise ; il ne lui ordonne pas de la sacrifier ; il ne veut pas donner à la vertu la douleur pour cortège : Mais, ici encore, il importe, d'après lui, de distinguer la fin de l'action et celle de l'agent. Il est naturel et nécessaire que l'action vertueuse ait le bonheur pour conséquence ; là est sa fin immédiate. Mais l'agent, qui n'est le maître que de ses décisions et de ses intentions, ne doit pas envisager ce but et le désirer. Si, en effet, telle était sa pensée et si, par la vertu, il cherchait à obtenir l'agrément, il ne serait plus vraiment vertueux et il perdrait, par là même, toute valeur morale. L'homme vertueux et raisonnable ne pensera donc jamais à la récompense de la vertu : Il se contentera, si elle arrive, de la recevoir avec reconnaissance et humilité. Telles, dans un champ de blé, peuvent pousser des fleurs qui charment nos yeux ; ce n'est pas à elles que songeait celui qui avait ensemencé le sol : « Il s'était proposé autre chose ; elles sont venues par surcroît ».

Sous ces réserves, et à la condition expresse que l'agent moral ne trouve son motif d'agir que dans la raison, la conséquence naturelle de l'action morale est le bonheur de celui qui l'accomplit : l'homme de bien est nécessairement en paix avec lui-même, en accord avec les autres, en harmonie avec l'univers, en union avec Dieu. Il a la véritable liberté, la plus grande puissance et la plus complète félicité. La vie de celui qui dédaigne la raison et qui n'aime que soi est, au contraire, constamment malheureuse, parce qu'il aspire à des choses qui dépassent sa puissance et que ses désirs ne sont pas conformes aux lois du monde et à l'ordre raisonnable, qui préside au cours des choses. L'égoïste voit sans cesse ses calculs déjoués et les joies qu'il recherchait lui échappent, précisément parce qu'il les avait escomptées d'avance ; l'égoïste trouve, d'ailleurs, dans l'isolement de sa vie le plus terrible des châtiments ; consacrer son existence au culte du moi, c'est se condamner d'avance à un échec, c'est-à-dire à la souffrance et au désespoir ; la punition s'aggrave de la résistance des choses extérieures: faire dépendre son bonheur de ce qui n'est pas en notre pouvoir, est une imprudence et une erreur, dont les conséquences sont douloureuses ; chasser la raison, c'est-à-dire Dieu, c'est se vouer à l'impuissance, à la souffrance et au désespoir. Aussi, sans rechercher les satisfactions égoïstes, pouvons-nous théoriquement constater qu'elles ne se trouvent que là, où est déjà la vertu désintéressée. Seulement celle-ci n'existe que si nous ne faisons rien en vue d'une récompense présente ou d'un bonheur futur. Nous devons exécuter tout ce que la raison nous prescrit, uniquement parce qu'elle nous le prescrit ou, plus exactement, parce que Dieu nous l'ordonne et omettre ce que nous défend la raison, uniquement parce qu'elle nous le défend ou parce que Dieu veut que nous nous arrêtions-là (1).

Cette conclusion va nous paraître encore plus manifeste, si nous passons en revue tous les avantages que vaudra à l'homme de bien la pratique de la vertu et que nous n'avons fait jusqu'ici qu'entrevoir et pressentir.

---

(3) *ibid.*, tract. V, Proem. (III p. 120-121) ; cf. tract. I, cap. II, Sect. I. § 1 4, § 2, 1, Sect. II, § § 9, 11 et 12 (III pp. 18 à 65) ; cf. : *Met. vera*, Pars III, 13 Sc. (II p. 157).

Aimant Dieu d'un amour d'obéissance, il recueillera l'amitié de Dieu ou, plus exactement, sa bienveillance; car l'Être suprême, dans son infinie bonté, ne peut s'empêcher d'accorder une affection particulière à celui qui l'aime et lui obéit ; gardons-nous cependant de dire que, par notre conduite, nous avons mérité l'amour de Dieu ; contentons-nous d'affirmer que nous avons tout fait pour nous en rendre digne et qu'il serait naturel que nous l'obtenions.

Aimé par son créateur, l'honnête homme atteint, en même temps, la félicité la plus complète. D'ailleurs, puisqu'il est en harmonie avec les prescriptions de la raison et que c'est la raison qui dirige l'ordre, puisqu'il aime Dieu, qu'il ne cherche qu'à mettre sa volonté en accord avec celle de son Créateur, et qu'enfin la volonté de Dieu est la loi du monde, rien ne le surprendra, rien ne fera obstacle à ses désirs ; tout ce qui arrivera sera conforme à ses aspirations et à ses vœux ; ses inclinations réfléchies et ses tendances volontaires seront toutes satisfaites et il pourra ainsi se dire pleinement heureux. Même quand la douleur sensible ou la peine morale atteindront l'homme de bien, il les acceptera encore avec joie, parce qu'il sentira qu'elles font partie d'un ordre universel, qui est bon, qu'il aime et dont la réalisation ne peut que lui plaire, puisqu'il la désire et la veut.

Mais répétons encore, — car Geulincx y insiste sans cesse, — que toutes ces considérations de bonheur et de malheur ne doivent pas tenir la moindre place dans la décision de l'agent moral ; il n'a pas à préférer la félicité à la souffrance ; il n'a pas à choisir : la raison commande ; il doit obéir, sans même songer aux conséquences heureuses ou malheureuses de son acte.

Dans un ordre d'idées voisin, la vertu a pour résultat,

disions-nous, la paix de l'âme ; car la raison en a chassé le trouble que produit la passion. Si, en effet, on cède aux impulsions de la sensibilité, on croit les avoir calmées, mais bientôt leur violence s'accroît, comme si elles avaient reçu un nouvel aliment. Au contraire, celui qui obéit à la raison et qui cesse d'écouter les passions jouit d'un calme incomparable et plein de douceur, puisque, comme nous venons de le voir, tout ce qu'il désire lui arrive et répond à son attente raisonnable.

Le silence, que produit dans notre âme la mort de la passion et la suppression du tumulte qu'elle suscite, est la condition la plus favorable au développement de la sagesse et du savoir proprement dit, ces fruits de la vertu cardinale que Geulincx a nommée la diligence ou le zèle pour la raison. Et, lorsque nous possédons la science, nous avons encore la satisfaction précieuse de pouvoir la répandre autour de nous.

L'homme de bien enfin, en raison des qualités qui le rendent aimable et prudent, du zèle qui après lui avoir fait rechercher la sagesse, le porte à la propager autour de lui, mérite d'obtenir de ses semblables affection, honneur, respect, obéissance, louange, admiration et gloire, et tout cela constitue une dignité, qui s'attache à la vertu, comme une récompense : entendons par là une sorte de production naturelle, qui s'ajoute à la conduite raisonnable, comme par surcroît, que l'agent moral le veuille ou non, qu'il se voit cependant contraint de cueillir et dont la possession confère légitimement à son âme la plus haute joie et la plus noble exaltation. Ajoutons à ces bienfaits de la vertu, que seule elle rend possible l'amitié proprement dite, qui suppose l'accord des âmes faites pour s'entendre et qui ne peut vraiment régner qu'entre les bons, dont les esprits se ressemblent et s'attirent, tandis que les dissensions et les querelles sont le lot des méchants et résultent de l'opposition irréductible de leurs appétits et de leurs passions.

Mais ces dernières récompenses de la vertu, cette dignité glorieuse et cette parfaite amitié, ne sont le plus souvent que l'aptitude à recevoir les avantages qu'elles semblent nous promettre ; ce n'est pas nécessairement et toujours que ces virtualités passent à l'acte et produisent leurs effets : Démocrite est accusé de folie et Socrate d'impiété ; les méchants obtiennent d'ailleurs, autant et plus que les bons, ces récompenses accidentelles ; entre ces deux sortes d'hommes, si on ne considère que leur conduite et les événements de leur vie, il n'existe aucune différence, ils ont les mêmes succès ; seulement, les premiers seuls se sentent vraiment préparés à les recevoir et trouvent, au fond de leur conscience, la satisfaction de les avoir mérités, tandis que les méchants, tout en profitant de l'agrément qui leur arrive, ne peuvent jamais se rendre l'intime témoignage qu'ils étaient dignes d'être heureux. Ce qui revient à dire que la vraie et seule récompense de la vertu n'est pas quelque chose d'extérieur à l'âme vertueuse mais qu'elle consiste en la possession d'un bien intérieur, d'une disposition intime de l'âme, qui n'est, en somme, que la vertu elle-même. La vertu est sa propre sanction, si bien que, dans une sorte de cercle divin, l'on va éternellement de la vertu à la vertu (1).

Le vice, au contraire, comporte sa punition immédiate. Les méchants sont malheureux, parce qu'ils sont méchants et leur malice s'accroît sans cesse de leur malheur : ils ont la conscience de l'avoir mérité et, même quand des événe-

---

(1) *Eth.*, tract. V, §§ 1-8 (III pp. 121-133).

ments heureux, en soi, leur arrivent, ils sont incapables de jouir de ce bonheur parce qu'ils en sont indignes et ne se sentent pas préparés à le recevoir ; ils sont, d'ailleurs, esclaves de leurs passions ; cette servitude et l'ignorance qui en est à la fois la cause et l'effet les expose aux ambitions démesurées, aux désirs insensés et, par suite, aux insuccès, aux déceptions et à de continuelles souffrances. Ils envient les mêmes choses qu'ils appellent des biens, ils luttent entre eux pour les posséder, se déchirent et se font du mal, si bien que l'amour de soi qu'ils prennent pour règle unique, va directement contre sa fin et mérite le nom de perversité. Les méchants sont infâmes et indignes et le sentiment qu'ils ont de cette indignité est leur véritable châtiment (1).

Ainsi se développent et se vérifient une série d'affirmations que nous avons déjà rencontrées chez Geulincx et dont l'enchaînement logique constitue comme l'armature de son système. L'homme, dans son impuissance, n'est maître que d'une chose : ce sont ses décisions ou ses intentions. Les actes et leurs conséquences, heureuses et malheureuses n'étant pas en son pouvoir, ne peuvent être inscrits à son compte ; la vertu et le bien moral ne consistent que dans la volonté de se conformer à l'ordre universel, qui est nécessaire et divin. La conduite extérieure des bons et celle des méchants peuvent être identiques ; le succès et le bonheur, les échecs et les calamités les atteignent également. La différence qui les sépare repose tout entière sur leur attitude d'esprit ; elle consiste en la libre adhésion des premiers à la loi raisonnable et dans le refus des autres à

---

(1) *Ibid.*, ibid., §§ 9 et 10 (III pp. 133-139).

l'accepter, alors qu'ils sont contraints cependant de s'y conformer malgré eux. Ceux-ci, en prenant pour mobiles de leurs actions l'amour de soi, commettent une erreur métaphysique qui devient un vice ; ceux-là, en obéissant uniquement à la raison, loi divine, font, à la fois, tout ce qu'ils peuvent et tout ce qu'ils doivent ; ils se conforment à la vérité et possèdent la vertu, toutes les vertus. Et, s'ils n'atteignent pas le bonheur, ils n'ont ni les amertumes, ni la tristesse, qui est le lot des égoïstes déçus ; car, ils ne le cherchaient pas. S'ils l'obtiennent, sans l'avoir sollicité, ils en jouissent avec d'autant plus de tranquillité qu'ils en étaient dignes, au jugement même de leur conscience. Leur béatitude ne vient donc pas des événements extérieurs, dont ils ne sont pas les maîtres, mais de l'état de leur âme, dont ils sentent la pureté et la sainteté. D'ailleurs, pour celui qui possède la vertu, et surtout l'humilité, qui en est la forme la plus complète et la plus éminente, il n'y a pas de véritable douleur ; car le mal n'existe que pour ceux qui songent à soi. Celui qui ne pense qu'à Dieu ne peut pas penser à son propre mal ; il ne se plaint pas, il ne connaît pas le malheur ; l'excellence du Créateur est pour lui la preuve et la garantie de l'excellence de la création, dans son ensemble et dans ses détails. La résignation de l'homme vertueux se confond avec un acte de foi mystique et une déclaration d'optimisme.

Et nous voyons, par ces considérations, quelle est la conduite qui nous amènera à cet état de vertu, de moralité et de béatitude. Elle consistera, nous l'avons dit, dans un détachement absolu de soi-même et dans une conversion définitive vers Dieu, conversion qui est à la fois la cause et l'effet de ce renoncement à tout ce qui constitue notre individualité corporelle et mentale. La source et l'origine de tout vice, c'est l'amour-propre : « *Philautia fons et origo omnis peccati* (1) ». L'obstacle à la vertu, ou, ce qui revient au même, à l'amour de la raison et à l'amour de Dieu, c'est donc notre personnalité, avec les affections et les excitations passives qui lui viennent de ce corps, auquel notre âme a été unie. Mais l'organisme et les passions, qui en dépendent, ne sont pas des ennemis qu'il faut vaincre et supprimer ; il suffit de ne les prendre ni pour guides, ni même pour alliés. Le vulgaire suit toujours ces impulsions émotives et même, nous le savons, quand il prétend obéir à sa conscience, il ne fait autre chose qu'écouter la passion et céder à l'attrait du plaisir ; car ce qu'il veut éviter, en agissant ainsi, c'est le trouble de la conscience et le remords, qui sont des douleurs morales (2). Aussi quelques philosophes ont-ils recommandé la lutte contre les passions : ils ont prescrit de les extirper. Cette prétention orgueilleuse est vouée à un échec certain ; car les passions, qui font partie de la « condition humaine », ne peuvent être supprimées (3) ; d'ailleurs en tant que naturelles, elles ne sauraient être de vrais adversaires pour la vertu ; on peut donc vivre avec elles et la véritable philosophie chrétienne les laisse subsister, sans les suivre et sans les combattre ; elle n'en a nul souci ; comme les événements heureux ou malheureux, comme les sensations agréables ou pénibles, qui nous assaillent malgré nous, les passions sont des choses indifférentes à l'existence morale ; elles n'empê-

---

(1) *Eth.*, passim ; cf. : *Ann. in Cart.* P. 1, art. 71 (III p. 415).
(2) *ibid.*, tract. IV, § 2 (III pp. 106-108).
(3) *ibid.*, tract. IV, § 3 (III pp. 108-110 et 111).

chent pas l'avènement de la vertu ; le mal consisterait à hésiter entre la passion et la raison et surtout à se décider pour la passion ; seule, l'approbation que nous donnerions volontairement à une inclination naturelle et passionnée vers le plaisir, serait un vice ; elle recommencerait le péché originel et reproduirait la désobéissance d'Adam à la loi de Dieu. Le sage n'a donc pas à se préoccuper d'agir contre la passion (*contra passionem*) ; il pourra même agir avec passion (*cum passione*) ; mais il n'agira jamais d'après la passion (*ex passione*) ; la conduite morale consistera à se décider sans tenir compte de la passion (*praeter passionem*) et en ne considérant que la raison et ce qu'elle commande (*ex ratione*) (1).

Poursuivons donc nos entreprises, tant que la raison nous l'ordonne ; mais renonçons à les mener plus loin, dès que nous sentons que la raison ne l'exige plus. L'entêtement à exécuter une résolution une fois prise n'est pas une persévérance louable, c'est une obstination à ne pas se démentir, dont le principe n'est autre que l'amour-propre. Cette ténacité à se décider contre la raison, par égoïsme, est l'attitude la plus perverse et la plus opposée à la vertu ; elle est éternelle et sans issue ; car l'obstiné ne veut jamais se démentir et il goûte dans sa rébellion « une volupté horrible et infâme ». C'est cette disposition

---

(1) *Ibid.*, ibid., § 1 et § 4 (III pp. 105-106 et 110-112) ; cf. PLEIDERER, *Geulincx u. s. w.* p. 44. GŒPFERT, *Geulincx'etisches System*, p. 9. Pour reprendre l'exemple de GEULINCX, le philosophe offensé ne dira pas à celui qui l'a outragé : je te bats parce que je suis en colère ; mais il ne lui dira pas non plus, comme Platon, je te battrais, si je n'étais en colère. Il dira, suivant le cas : je te bats, parce que la raison me le prescrit, que je sois ou non en colère ; ou au contraire : je ne te bats pas, parce que la raison me le défend, que je sois ou non en colère. Cf. *Ann. in Cart*, Pars. I., art. 71 (III pp. 413-415).

d'esprit que Geulincx appelle le « Diable ». Nous devons y voir le symbole de l'égoïsme à son paroxysme, dressé contre la raison, contre Dieu, et substituant à l'humilité, la plus haute des vertus, l'orgueil dans l'ignorance, qui est le pire des vices (1).

Ainsi l'homme se trompe et tombe dans le péché toutes les fois qu'il s'occupe directement des choses matérielles ou charnelles, de son corps, de son plaisir, de ses passions, c'est-à-dire, en somme, de lui-même (2). Il est alors comme un étranger errant loin de sa patrie. Notre vraie patrie, c'est ce qui est le plus intérieur à notre âme, notre raison, flamme céleste qui doit nous éclairer et nous réchauffer. Le but moral est atteint lorsque l'homme, réfléchissant sur soi-même, se connaît, lorsqu'il découvre en soi cette raison divine, image de Dieu lui-même, et lorsque, ayant ainsi trouvé Dieu, il « se voit en lui et se soumet tellement à lui qu'il soit impossible d'imaginer une obéissance et une soumission plus complètes et plus absolues ».

L'humilité reste donc le dernier mot et la formule suprême de la morale parce qu'elle est à la fois l'expression de la connaissance que nous prenons de nous-mêmes et la traduction la plus exacte de notre impuissance et de notre limitation, au regard de la perfection infinie de Dieu. La morale de Geulincx n'a cessé d'être le corollaire de sa métaphysique.

---

(1) *Eth.* tract. IV, § 8 (III pp. 116-119) ; cf.: *Ann. ad eth.* (III p. 218, n. 38 et 40).
(2) *ibid.*, ibid., §§ 5-6 et 7 (III pp. 112-116)

# CHAPITRE III

## Les ressemblances entre l'éthique de Geulincx et les opinions de Descartes sur la Morale

Nous avons exposé, aussi fidèlement qu'il nous a été possible, l'éthique de Geulincx dans son ensemble et nous l'avons rattachée aux principes métaphysiques qui dominent la doctrine. Telle qu'elle est, la rigueur systématique qui s'y manifeste, l'originalité d'un grand nombre de thèses, des théories séduisantes et même quelques belles formules, qui font pressentir la *Critique de la Raison pratique* ou les *Fondements de la Métaphysique des Mœurs*, le souci assez rare, à cette époque, d'établir dans un livre de Morale un passage continu et régulier des vérités métaphysiques les plus hautes aux conseils les plus courants de la prudence vulgaire, la préoccupation constante d'allier au respect de la foi chrétienne la liberté de la pensée philosophique et la rigueur de la méthode scientifique, tous ces points mériteraient de nous retenir et pourraient faire l'objet d'études fructueuses.

Mais il nous a paru particulièrement intéressant de rechercher quelle est exactement la signification de cette philosophie pratique dans la pensée de son auteur et quelle place elle doit occuper dans l'histoire des systèmes et, en particulier, dans celle du développement de la doctrine cartésienne.

Et d'abord, à quel besoin répondait la composition et la publication de l'*Ethique* ? Non seulement Geulincx en a fait la préoccupation de ses dernières années et, pour ainsi dire, le but de tout son enseignement, mais encore, en éditant lui-même la partie fondamentale de son ouvrage, en livrant ainsi sa pensée au grand public, — ce qu'il n'avait voulu entreprendre pour aucune autre partie de son cours, — il a souligné, en quelque sorte, l'importance qu'il attachait à sa philosophie pratique. Quels sont donc les motifs particuliers qui l'ont amené à publier une *Ethique* ?

## 1. — *LE CARTÉSIANISME DE GEULINCX*

Geulincx est incontestablement un cartésien ; tout ce que nous avons pu dire de ses études et de ses goûts suffirait à le prouver. Ses « *Quaestiones quodlibeticae* » le mettent au premier rang parmi les savants qui, à Louvain, adoptèrent avec enthousiasme le programme de la révolution cartésienne. Dans les harangues qui encadrent ce recueil, il poursuit, avec une verve juvénile et avec beaucoup plus d'acharnement que son maître, l'enseignement scolastique, son dogmatisme, son respect de l'autorité et de la tradition, tout ce qu'il avait de formel et de verbal (1) ; dans ses

---

(1) Voir, dans notre Introduction, ce que nous avons dit sur les influences cartésiennes qui durent s'exercer à Louvain sur GEULINCX, élève et professeur. C'est en 1652 qu'il obtint une chaire à l'Université de cette ville. Or, en 1652, dans une lettre du 21 décembre, le célèbre PLEMPIUS, ancien ami de Descartes, devenu son adversaire courtois, mais décidé, se plaint que, depuis quatre ans, de jeunes audacieux cherchent à substituer la philosophie de Descartes à celle d'Aristote : « *conantur aliqui jam a quadrienno fere*

doctrines proprement physiques, il est absolument cartésien (1) ; en métaphysique, il se montre peut-être disciple plus libre et plus indépendant ; mais, que l'on veuille voir en lui un des premiers occasionnalistes, précurseur de Malebranche, ou un proche parent de Spinoza, ou que l'on trouve même, dans ses œuvres, l'ébauche de la théorie de l'harmonie préétablie, il est impossible de ne pas le rattacher au cartésianisme, au moins autant que Malebranche,

---

*pellere e scholis nostris Aristotelem et nescioquam antiquatam philosophiam inducere ».* Il y a tout lieu de croire que Geulincx était au nombre de ces ardents novateurs. Son discours allégorique, qui sert d'introduction aux *Quaestiones quodlibeticae,* auxquelles il présidait, et qui est prononcé au même mois de décembre 1652, est, en effet, dirigé tout entier contre la scolastique et la philosophie aristotélicienne, telle qu'on l'enseignait de son temps. Il n'y prononce nulle part le nom de Descartes ; mais les idées qu'il soutient sont constamment celles d'un cartésien. En particulier, le plan d'éducation et d'études qu'il ébauche (*Or.* I. [I pp. 41-42]) et qu'il reproduit dans son livre, « *Methodus inveniendi argumenta* », est directement inspiré par la *Méthode* de DESCARTES. Lorsque, à Leyde, il donne une nouvelle édition des *Quaestiones,* il ne craint pas, dans les *Paraphrases* qui l'accompagnent, de citer Descartes avec admiration et enthousiasme : « *Jam Cartesius, Rationis ille vindex et sensuum acris insectator* ». Oratio I. Paraphrasis. V. ; (I. p. 50). A Leyde, il combat aux côtés d'Heydanus, qui professe ouvertement la philosophie Cartésienne, dans cette Université, où, depuis 1643, il était interdit de prononcer le nom de Descartes, mais où la nouvelle doctrine avait fait des progrès immenses. Là il acheva certainement de se perfectionner dans la connaissance du Cartésianisme et de s'en assimiler toutes les thèses.

(1) « Dans l'explication du monde corporel, qu'il nomme la Physique..... notre philosophe suit, presque partout, les traces de Descartes, tout en entreprenant, comme en métaphysique, d'exposer, dans un traité particulier les points essentiels de la scolastique péripatéticienne, en accompagnant son exposé de remarques critiques ». (LAND, *op. cit.,* p. 157). Ceci n'est pas d'ailleurs un éloge sous la plume de M. LAND qui appelle Descartes grand mathématicien, mauvais physicien, « *grosse Mathematiker und schlechte Mechaniker* ». (*Ibid.*).

Spinoza et Leibniz et l'on ne peut s'empêcher de retrouver dans Descartes des indications dont il semble avoir profité et même des formules qu'il n'a eu qu'à recueillir et à développer pour aboutir, lui aussi, à un système original en apparence, très cartésien en réalité. Comme Spinoza, comme Malebranche, comme d'autres disciples moins notoires de Descartes, il ne faisait qu'essayer d'éclaircir quelques obscurités, de répondre à quelques questions que celui-ci avait laissées sans solutions et de résoudre ces difficultés au moyen des éléments que contenaient les œuvres du maître (1).

Et surtout Geulincx est cartésien par la valeur qu'il accorde aux affirmations de la conscience individuelle, par opposition au témoignage des sens, à l'autorité et à la tra-

---

(1) Il nous paraît incontestable, en effet, que Descartes, si on l'avait pressé d'expliquer comment l'âme agit sur le corps et quel est le mode d'union de la substance pensante et de la substance étendue, dans l'impossibilité où le mettait la logique de son système d'admettre une action ou une influence directe d'une des substances sur l'autre, n'aurait pu adopter qu'une des trois attitudes suivantes : ou bien déclarer que la communication des substances est un fait d'expérience, qu'il suffit de constater (*VI° Méditation*, XXXVI; *Principes*, I. 48 et IV. 198; *Lettres: à Élisabeth*, 21 mai 1643 (Ed. Adam, III p. 683 sqq.) et 28 juin 1643 (III p. 690 sqq.); 2° *réponse à Arnaud*, 29 juillet 1648, (V p. 219 sqq.), — ou bien admettre que c'est là une sorte de miracle inexplicable et même inintelligible, — ou, enfin, adopter une théorie voisine de l'occasionnalisme ou de l'harmonie préétablie. Mais il faut bien reconnaître que les deux premières solutions ne sont, en réalité, que des refus de répondre et ne conviennent guère au génie philosophique et scientifique de Descartes. La seconde est même formellement rejetée par lui : « Ce n'est pas merveille, dit-il, que certains mouvements du cœur soient joints naturellement à certaines pensées, avec lesquelles ils n'ont aucune ressemblance ». (*Lettre à Chanut*, 1er fév. 1647, [IV, p. 600 sqq.]). Reste donc la troisième hypothèse : Non seulement elle est la seule possible, mais encore Descartes nous semble s'être, le plus souvent, exprimé comme s'il admettait un parallélisme régulier entre les modes de la pensée et ceux

dition. Descartes avait attribué une grande puissance à la raison individuelle: « il n'y a point, ce me semble, disait-il, de plus digne occupation, pour un philosophe, que de s'accoutumer à croire ce que lui dicte la vraie raison » (1). Geulincx ne pense pas autrement ; il parle de cette faculté maîtresse de l'homme avec pompe et enthousiasme ; il veut, nous dit-il, au début de ses *Quaestiones quodlibeticae* qu'elle règne en impératrice, « qu'elle en ait les insignes et les attributions », il entend les revendiquer hautement pour elle et « pour elle seule » ; car « ils lui sont dûs » (2). Ce que Descartes a dit de l'évidence logique, il le transfère à l'évidence morale. C'est par l'introspection que nous découvrons en nous les fondements de la certitude pratique, comme Descartes nous a appris à y découvrir le type de toute connaissance théorique. Pour lui, comme pour Descartes encore, le principe spirituel, directement saisi en nous par la conscience, est mieux connu que l'élément corporel et surtout lui est bien supérieur en dignité et en

---

de l'étendue, sous la garantie de la volonté et de la sagesse divines: Voir la lettre à Chanut, et aussi *Passions de l'âme* I, art. 50 ; *Le Monde*, I § 3. Le terme d'«occasion» apparaît même assez fréquemment. Voir *Traité de l'homme*, (§ 7-27-28) ; *lettre à Élisabeth*, janvier 1646, cdxix (IV p. 353 sqq.) : « [Dieu] a sceu exactement quelles seraient toutes les inclinations de notre volonté, c'est lui mesme qui les a mises en nous… c'est lui aussi qui a disposé toutes les autres choses, qui sont hors de nous, pour faire que tels et tels objets se présentassent à nos sens à tel et tel temps, à l'occasion desquels il a sceu que notre libre arbitre nous déterminerait à telle et telle chose. » Cf. *lettre à Élisabeth*, juillet 1647, cdxci. (V. p. 65). Voir aussi la *lettre de Clerselier à de la Forge* qui termine le recueil de la *Correspondance* de Descartes (III° vol., lettre 225 p. 641) et où l'éditeur et ami de Descartes exprime certainement l'opinion du grand philosophe.

(1) *Lettre* à XXX, mars 1638. cxiii, t. II, p. 37.
(2) *Oratio* I, des *Quaest. quod.* (I p. 13).

importance. L'opposition entre la pensée et l'étendue, considérées dans leur essence et dans leurs modes est poussée par Geulincx jusqu'à ses extrêmes limites et jusqu'à des conséquences que n'avait peut-être pas nettement envisagées Descartes, mais qui se déduisent logiquement de son système. Enfin, ce que Descartes pensait de l'unité de la science, directement conclue de l'unité de la raison (1), Geulincx le dit de la vertu ; il découvre en elle une unité essentielle qu'il rapporte aussi à cette même unité de la raison (2).

Prenant son point de départ dans les fondements mêmes de la méthode et de la doctrine de Descartes, l'éthique de Geulincx semble donc devoir être purement cartésienne dans tout son développement. Toutefois, quand nous la parcourons, si nous nous demandons jusqu'à quel point Descartes aurait souscrit aux théories morales et aux préceptes de son disciple, nous nous sentons embarrassés et hésitants. Et cependant cette question ne saurait rester sans réponse ; le problème est de ceux qu'il importe de résoudre. Il nous semble qu'en le faisant, nous atteindrions un double résultat : Non seulement nous mettrions mieux en lumière, par rapprochement ou opposition, le sens intime de la morale de Geulincx, mais encore nous apporterions une contribution à l'étude de la morale cartésienne, en montrant comment un cartésien authentique, presque

---

(1) *Reg. ad dir. ingenii*, I.: « Toutes les sciences réunies ne sont autre chose que l'intelligence humaine, qui reste toujours une, toujours la même, si variés que soient les sujets auxquels elle s'applique », Cf.: *Disc. de la Méthode*, début de la 2ᵉ partie et *Lettre à Mersenne*, 16 oct. 1639 (II, 598).

(2) Dans son *Ethique*, IIᵉ traité, Iʳᵉ Partie, § 1, sous ce titre « *Virtus una* », Geulincx montre que l'unité de la vertu vient de son origine et s'explique parce qu'elle est « propositum faciendi quod jubet Ratio » (III p. 73).

contemporain du maître, la comprenait ou la concevait, en se fondant sur les principes généraux de sa philosophie et sur ce qu'il a pu écrire lui-même sur des sujets touchant aux mœurs.

Nous lisons, en effet, dans la préface de la première édition complète de *l'Éthique*, — où Bontekoë reproduit certainement avec fidélité la pensée de Geulincx, — que, d'après celui-ci, Descartes, pour plusieurs motifs, n'avait pas pu faire pour l'éthique ce qu'il avait accompli pour les autres parties de la philosophie et de la science. Une morale provisoire, dont les règles n'ont rien de solide ni de définitif, propre tout au plus à permettre à l'homme de mener une existence tranquille au milieu de ses semblables, l'indication dans les *Principes* d'une autre éthique, science suprême, qui se présenterait comme la conséquence de toute la philosophie, mais qui n'a jamais été écrite, voilà, suivant l'éditeur posthume de Geulincx, ce que Descartes nous a laissé touchant la vie pratique et la conduite de l'homme (1). Il n'y a pas de morale cartésienne (2), et c'est pourquoi notre philosophe forma

---

(1) Voir dans la dédicace de l'édition complète de *l'Éthique* par PHILARÈTE, (1675), les pages 3, 4, 5.

(2) Cette opinion de GEULINCX ne doit pas nous surprendre. A peu près en même temps que lui, HUET donnait à l'un des articles de son livre, *Censura Philosophiae Cartesianae*, ce titre : « *Vulgares sunt Cartesianae morales regulae* ». Et il s'exprimait ainsi : « Quis nescit Patriae esse obtemperandum... quod scepticos praecipue tenuisse et sanxisse supra dixi ? Quis nondum audiverat... virtutem esse medium vitiorum et utrinque reductum ? (Hor., Ep, 18, 1. 1)... constantia in proposito... quam multis suadetur verbis a Cicerone in libris de Officio ?... Quam decantata a Cyrenaicis et Stoicis tertia regula, quae se ipsum vincendum potius constituit quam fortunam ? » etc... En somme, pour HUET, la morale cartésienne est inexistante et ce que l'on appelle de ce nom n'est qu'un ensemble de règles, prises de tous côtés :

le dessein de combler cette lacune. Le besoin s'en fait assurément sentir, nous dit-il ; car, sous les apparences du cartésianisme, certains philosophes en arrivent à ressusciter les impiétés de Vanini et de Servet et à se conduire en athées ; ignorant ou méprisant toute la métaphysique et la logique de Descartes, ils affectent de s'en tenir à sa mathématique et à sa physique ; partant de là, ils vont jusqu'à nier Dieu et la création, ils prétendent que le monde est la vraie et la seule substance divine, ils affirment le déterminisme universel, ils ramènent l'esprit à n'être qu'un mode de la matière, ils réfutent le libre arbitre, ils déclarent que tout dans l'homme a lieu nécessairement, comme chez les brutes, l'âme humaine, d'après eux, n'est comme l'âme des bêtes qu'un produit des esprits animaux, si bien que des singes convenablement instruits raisonneraient et parleraient comme nous ; cette âme corporelle disparaît, d'après eux, avec

---

« Cartesius nihil fere nisi veterum dictata recoxit. » (*Petri Danielis Huetii Censura Philosop. Cart.*, 4ᵉ éd., 1694 ; pp. 204-206). De même, LEIBNIZ ne veut voir dans la morale cartésienne qu'un exercice d'amplification oratoire ; et son but se résumerait en ceci : « magnam in agendo moderationem adhibere, antiquasque disciplinas in scribendo breviter, nec magna judicandi veritate exponeret. » (*Lett. et opusc. inéd.* FOUCHER DE CAREIL, p. 3, 3ᵉ éd., 1858). BAILLET, (*Vie de Descartes* [I, 25 et 280]), dit aussi que les règles morales que Descartes a pu donner n'ont jamais passé dans son esprit pour un corps régulier et accompli de philosophie morale ». Chez les modernes mêmes, nous trouvons des opinions analogues : (F. BOUILLIER, *Hist. de la Phil. Cart.*, t. I, p. 128 sq. et 307 ; RITTER, *Hist. de la Phil. mod.* trad. Challemel-Lacour, qui parle d'« esquisse grossière » t.I, p. 77 ; cf. pp. 1 et 5 ; KRANTZ, *Essai sur l'Esthétique de Desc.*, Paris, Alcan, 1882, Avant-Propos, p. 1 ; BRUNETIÈRE, *Jansénistes et Cartésiens*, Rev. des deux Mondes, 1888, vol. 6, p. 105 sq.) M. LÉVY-BRUHL, dit encore (*La Morale et la Science des Mœurs*, Paris, Alcan, 4ᵉ éd., 1910, p. 95) : « Descartes, qui n'a pas donné de morale définitive.... »

le corps ; enfin la morale n'a pas d'existence distincte, la la vérité pratique varie selon les temps et les lieux, le bien n'est autre chose que l'utile, le droit se confond avec la force, il n'y a d'autre moralité et d'autre règle de notre conduite que celles qui sont l'œuvre du magistrat, il n'y a de péchés que les infractions aux lois civiles et politiques (1). C'est contre ces conséquences détestables et impies d'une doctrine mal comprise qu'a voulu, d'après Bontekoë, réagir Geulincx. Il a essayé de prouver que l'on pouvait accepter les principes du Cartésianisme, sans tomber dans l'athéisme et l'immoralité ; en composant un livre de morale, il a pris la défense de la philosophie de son maître. En décidant d'écrire sur les mœurs, d'après les principes de Descartes, il a fait « ce qui convenait à un Cartésien (2) » respectueux et fidèle ; son éthique, pénétrée des idées générales du cartésianisme, a d'ailleurs la prétention de satisfaire et de concilier tout le monde, les chrétiens, en conservant l'essentiel de la morale traditionnelle et révélée, les « esprits forts », en ne faisant appel qu'à la raison, et le vulgaire enfin en montrant l'accord de la raison et de la foi et, plus particulièrement celui du cartésianisme avec le christianisme (3).

Si nous acceptons ces déclarations comme conformes à la pensée de Geulincx, — et nous ne saurions faire autrement, — nous en tirerons deux constatations: La pre-

---

(1) Voir encore la *Dédicace* de PHILARÈTE. (pp. 5, 6 et 7).

(2) « Testatum faciet publica facta haec *Geulingii Ethica*, quid homini Cartesiano... conveniens sit, juxta ejus principia de moribus statuere ». (*Ibid.*, p. 20).

(3) *Ibid.*, passim et surtout, pp. 5-10-11-12.

mière, c'est que notre philosophe croyait fermement qu'il n'y a pas de morale dans l'œuvre de Descartes ; la seconde, c'est que l'on a pu, dès l'origine, tirer du cartésianisme des doctrines très différentes et même contradictoires touchant la vie pratique.

De ces deux affirmations, la première est aujourd'hui universellement contestée ; car on s'est efforcé, depuis un certain nombre d'années, de découvrir dans les œuvres de Descartes l'ébauche assez complète et même des fragments épars d'un système de philosophie morale. En tenant compte de la III° partie du *Discours de la Méthode* et de quelques indications contenues soit dans ce même ouvrage, soit dans la préface des *Principes*, en se fondant surtout sur le *Traité des Passions* et sur la *Correspondance* de Descartes avec la Princesse Elisabeth et la reine Christine de Suède, on a prétendu retrouver la doctrine pratique de ce philosophe. Il est indispensable d'étudier cette sorte de restitution de la morale cartésienne pour lui comparer l'œuvre de Geulincx et pour décider si celui-ci a bien tenu sa promesse, s'il nous a donné, comme il a voulu le faire, une éthique qui convienne au système de Descartes, s'il a suivant les paroles mêmes de son éditeur « écrit la morale cartésienne (1) ».

## 2. — *LA MORALE DE DESCARTES*

Il est hors de doute que Descartes eût toujours l'intention d'aboutir à une morale. La répugnance qu'il manifeste pour écrire à ce sujet vient de causes extérieures et d'ordre

---

(1) *Ibid.*, p. 5 «... aliam vero [ethicam] in lucem emisit CARTESIUS. Conscripsit certe eam... Arnoldus GEULINCX ».

divers : c'est une matière dangereuse, d'où les ennemis du philosophe peuvent tirer le plus de prétextes pour le calomnier ; il y a un grand danger à traiter ces sujets en public et à les laisser discuter par des esprits « d'humeur brouillonne et inquiète ». Descartes craint tellement l'intervention de ces gens, toujours en quête de « quelque nouvelle réformation », qu'il se vante hautement de n'avoir rien innové en morale et qu'il reconnaît aux souverains seuls le droit de se mêler de régler les mœurs d'autrui (1) Et surtout ce qui a toujours retardé ses recherches sur l'éthique, c'est que cet ordre de connaissances lui apparaît comme la science suprême, la branche la plus élevée de l'arbre du savoir humain (2).

Et cependant, dans toute l'œuvre de Descartes, la préoccupation morale se manifeste ou se devine. Déjà dans les *Regulae*, il nous déclare que l'accroissement des lumières a pour objet de rendre l'entendement capable de prescrire à la volonté ce qu'elle doit choisir (3) ; la *Méthode* nous apprendra à « voir clair dans nos actions et à marcher avec assurance en cette vie » (4) ; dans la *Recherche de la Vérité par la lumière naturelle*, nous voyons que la distinction du

---

(1) Voir sur ces diverses raisons, qui ont détourné Descartes d'écrire une morale ; *Lettre à Chanut*, 20 nov. 1647, I. CDXCVI. V. p. 86-87 ; *Discours de la Meth.*, 2ᵉ partie ; *Lettre à Elisabeth*, août 1644, CCCLV, IV p. 113 ; cf. *à Chanut*, 1ᵉʳ nov. 1646, IV p. 536 sq. D'après un manuscrit de Goettingen, Descartes ne se serait même décidé à écrire la morale provisoire du *Discours* que comme à regret et pour éviter les accusations de certains censeurs (V. p. 178). BAILLET, dans sa *Vie de M. Descartes*, nous dit des choses tout à fait semblables.

(2) *Principes de Philosophie*, Préface, (IX, II, p. 14) ; cf. *lettre à Chanut*, 15 juin 1646, CDXXXIV, IV. p. 441-442.

(3) *Reg.*, I. 1.

(4) *Méth.*, I. 11 ; et de nombreux passages dans le même sens, *passim*.

vrai et du faux prépare l'établissement de la morale (1) ; les *Principes* établissent le programme d'une éthique définitive et en fixent les rapports avec les autres parties du savoir humain, qui en seront le fondement (2) ; le *Traité des Passions* est orienté vers la pratique; même dans le *Traité de la formation du fœtus*, nous lisons que la connaissance de l'homme mène à la morale (3) ; et nous savons enfin par par Clerselier et Baillet (4) que la morale faisait l'objet des méditations habituelles de Descartes. Toute sa philosophie est tournée vers la pratique. Sa fin suprême c'est de procurer à tous les hommes le souverain bien et de leur permettre de devenir maîtres et possesseurs de la nature (5), autant de leur nature morale, que de la nature physique. Mais pour atteindre ce but, il faut connaître, et connaître par principes. La morale ne pourra se constituer que lorsque toutes les sciences auront été édifiées sur des fondements solides et, en particulier, lorsque les vérités métaphysiques, origines de toute connaissance, auront été établies d'une manière inébranlable (6). Mais, pendant que Descartes fait table rase de toute la prétendue science de ses prédécesseurs, qu'il doute, qu'il découvre une méthode, qu'il en cherche le point de départ indiscutable, le roc inébranlable, sur lequel il bâtira son édifice, il faut vivre et, autant qu'il est possible, éviter de se tromper dans la pratique de l'existence. Nous devons donc définir provisoirement (7) le bien, avant toutes

---

(1) *Recherche de la Vérité* etc.., 21.
(2) *Principes*, loc. cit.
(3) *Traité de la form. du fœtus*, 1ʳᵉ partie, I. 1.
(4) Baillet, *op. cit.* I, 115.
(5) *Meth.*, VI. 2.
(6) *Lettre à Chanut*, 15 juin 1646, CDXXXIV, IV, p. 441-442.
(7) Nous exposons et commentons les règles de la morale provisoire, telles qu'elles sont énoncées dans la IIIᵉ p. du *Disc. de la Meth.*

choses, et puisque, à ce moment de notre recherche, la science nous fait encore défaut, pour en déterminer avec exactitude la nature, nous devrons nous contenter de l'expérience et de la conjecture. Aussi le bien est-il, pour l'instant, défini par les lois et coutumes des gens parmi lesquels nous vivons, les opinions des plus sensés, celles qui sont les plus éloignées des extrêmes et, par conséquent, les plus prudentes et les moins hasardeuses. La vertu consistera dans la volonté ferme et constante d'atteindre ce bien, même s'il n'est que vraisemblable ; car l'indifférence, qui est « le plus bas degré de la liberté », n'est pas possible en morale et l'irrésolution est la seule source des regrets et du repentir, qui empoisonnent l'existence (1) ; cette adhésion de la volonté à ce qui est probable est, d'ailleurs, toute provisoire et elle cessera dès que nous aurons trouvé une certitude supérieure (2). Le bonheur sera, dans tous les cas, assuré par la vertu. La sagesse et la félicité seront atteintes, si nous savons nous adapter au milieu social dans lequel nous sommes obligés de vivre, (car « les lois de la société sont... si bien établies, que quiconque les suit... mène une vie beaucoup plus heureuse... que ceux qui cherchent leur utilité par d'autres voies ») (3), si nous parvenons à fixer expérimentalement à notre nature les limites qu'il paraît imprudent de franchir et si nous avons la force de maintenir nos désirs dans ces limites. En possession de ces règles de prudence, assuré, s'il les suit, sinon d'arriver au souverain bien, du moins de ne pas s'égarer considérablement, certain de posséder, quoi qu'il arrive,

---

(1) Cf. : *lettre à Elisabeth*, 15 sep. 1645, CD III, (IV p. 295).
(2) *Lettre à XXX*, mars 1638 ; CXIII, (II p. 34).
(3) *Lettre* à Elisabeth, janvier 1646, CDXIX, (IV p. 357).

l'indispensable paix de l'âme et, d'ailleurs, confiant dans sa raison et dans la « lumière naturelle », Descartes peut continuer sa recherche théorique, condition indispensable de l'établissement d'une morale définitive. Pour y parvenir, il suffira de transformer les vraisemblances en certitudes ; il suffira de « bien juger pour bien faire » (1) ; car en présence de l'idée claire et distincte, la volonté ne pourra que se conformer à l'évidence ; mise au service du vrai, elle deviendra par là absolument bonne et nous conduira au souverain bien.

Le problème de la morale définitive est donc le même que celui qu'avait à résoudre la morale provisoire : mettre à la disposition de l'agent moral toutes les ressources de sa nature mentale, pour qu'il puisse obtenir le souverain bien et la béatitude, qui en est la conséquence, problème parallèle à cet autre, que cherchait en même temps à résoudre Descartes : utiliser au mieux, pour notre bonheur et notre puissance matérielle, notre nature physique et l'univers qui est en relation avec elle. Or, il y a tout d'abord un obstacle, au moins apparent, à l'acquisition du souverain bien : ce sont les passions, ces émotions de l'âme, dont elle n'est pas l'origine volontaire et consciente et qui lui viennent du corps puisqu'elles sont « causées, entretenues et fortifiées par les esprits animaux » (2). Comment nous comporter, en présence du trouble où elles nous jettent ? L'examen de cette question nous oblige à étendre l'objet

---

(1) *Meth.*, III<sup>e</sup> partie, 5 ; cf. *lettres* à Mersenne, 27 avril 1637, LXXIII<sup>bis</sup> (I p. 366) et au traducteur des *Principes de la Philosophie* : « Le souverain bien... n'est autre chose que la connaissance de la vérité par ses premières causes, c'est-à-dire la sagesse, dont la philosophie est l'étude ».
(2) *Passions*, 1<sup>re</sup> partie, art. 27.

de notre étude, à ne pas nous occuper de notre pensée seule, mais à poser et à résoudre le problème des rapports de l'âme et du corps et à nous demander s'il ne serait pas possible d'agir sur notre organisme pour exercer, par son intermédiaire, sur notre intelligence et sur notre volonté une influence moralement bonne. Ce sont des considérations de cette nature qui ont amené Descartes à déclarer que, « s'il est possible de trouver un moyen qui rende communément les hommes plus sages,.... c'est dans la médecine qu'il faut le chercher » (1). Mais la médecine proprement dite ne pouvait fournir à Descartes l'aide qu'il réclamait d'elle : elle est sans action sur le cours des esprits animaux et, par suite, sur la passion ; car ici nous sommes en présence de la nature matérielle ; or, une des lois de l'étendue, fondée sur l'immutabilité et la perfection divines, c'est que la quantité de mouvement reste constante dans l'univers. Si l'on ne peut ni créer, ni supprimer un mouvement, on ne pourra ni créer, ni supprimer la passion liée à ce mouvement (2). Fort heureusement, à les considérer de près, Descartes trouve les passions meilleures qu'on ne le croit d'ordinaire ; non seulement il y en a qui nous nous conduisent à de grandes choses, mais même, nous dit-il, « en les examinant, je les ai trouvées presque toutes bonnes et tellement utiles à cette vie, que notre âme n'aurait pas sujet de vouloir demeurer jointe à son corps un seul

---

(1) *Méth.*, 6e partie ; cf. : *lettres* à Christine de Suède, 20 nov. 1647, CDXCV ; (V. p. 85) ; à Élisabeth, juin 1646, CCCLXXX (IV p. 218-222) et nov. 1646, CDLII (IV p. 542) ; *Passions*, passim et surtout 1re partie, art. 31, 34, 36, 37.

(2) C'est ce que l'on peut conjecturer de la mécanique et de physique cartésiennes et aussi de quelques passages du *Traité des Passions*, 1re partie, art. 44, 46, 47 par exemple.

moment, si elle ne les pouvait ressentir » (1) ; elles sont même « quelquefois d'autant plus utiles qu'elles penchent vers l'excès » (2) et, en somme, la passion, loin de nuire au bonheur, peut y contribuer. D'ailleurs, en admettant que certaines passions nous rendent, en fait, malheureux et troublent la paix de notre âme, nous ne sommes pas complètement désarmés vis-à-vis d'elles. Si nous ne pouvons ni les abolir, ni même vouloir raisonnablement en débarrasser notre âme, nous pouvons toujours les diriger de manière à les rendre bienfaisantes, modérées et agréables (3). Ceci est possible, même si nous considérons les lois de la mécanique ; car la quantité de mouvement restant la même dans l'univers, la direction en est indifférente et peut en être modifiée, sans violer le principe de la permanence de la nature. Mais, pour opérer cette transformation, il ne saurait être question de rester dans le domaine de la physique et de la médecine ; ce n'est pas « directement » que l'on « conduit les esprits animaux dans les lieux où ils peuvent être utiles.... c'est seulement en pensant à autre chose » (4). En d'autres termes, c'est en agissant volontairement sur notre pensée, que nous pouvons agir sur notre passion et c'est en changeant l'ordre de nos pensées, que nous modifierons le caractère de ces émotions violentes et tumultueuses. Et encore, n'est-ce pas d'emblée que nous

---

(1) *Lettre* à Chanut, 1ᵉʳ nov. 1646, CDLIII (IV p. 538) ; cf. : *Passions* IIIᵉ partie, art. 212 et dernier.

(2) *Lettre* à Elisabeth, 15 sept. 1645, CDII (IV p. 297) ; cf. : 18 mai 1645, CCCLXXV (IV. p. 202) : « Je ne suis pas de ces philosophes cruels qui veulent que leur sage soit insensible ».

(3) *Passions*, IIIᵉ partie, art. 212.

(4) *Lettre* à Elisabeth, juillet 1647, CDXCI (V. p. 65).

parviendrons à un tel résultat ; il faut, nous dit Descartes, « employer l'industrie » (1), essayer de « séparer en soi les mouvements du sang et des esprits d'avec les pensées auxquelles ils ont coutume d'être joincts » (2). Cette tâche est difficile ; on y arrivera cependant en contraignant la volonté, au moment où les esprits sont le plus en effervescence, à susciter une pensée opposée « à celle que la passion représente » ou tout au moins très différente de celle-ci (3). Tenons surtout notre imagination en bride ; car elle « tend à tromper l'âme et à lui faire paraître les raisons qui servent à persuader l'objet de la passion plus fortes qu'elles ne sont » (4). Un bon moyen aussi, pour séparer l'émotion de l'âme du mouvement des esprits, consiste à différer l'acte par lequel ces mouvements se traduisent naturellement au dehors (5). En un mot, par tous les procédés et tous les artifices, il faut « se divertir par d'autres pensées, jusqu'à ce que le temps et le repos aient entièrement apaisé l'émotion qui est dans le sang » (6).

Il ressort de l'étude des passions, dans leur rapport à notre conduite morale, que la mécanique physique par laquelle nous agissons sur nos passions n'est, en réalité,

---

(1) *Passions*, I<sup>e</sup> partie, art. 44. 47 et 50 ; III<sup>e</sup> partie, art. 211.

(2) *Ibid.*, III<sup>e</sup> partie, art. 211.

(3) *Ibid., ibid.* et *lettres* à Chanut, 1<sup>er</sup> février 1647, CDLXVIII (t. IV p. 603-606) et à Elisabeth, mai 1646, CDXXXII (IV p. 411-412).

(4) *Passions*, loc. cit., (art. 211).

(5) *Lettre* à Elisabeth, mai 1646, CDXXII (IV p. 411-412). Descartes soutient cependant le plus souvent que l'irrésolution est un défaut et même une passion, qu'il faut combattre, en s'accoutumant à se décider avec rapidité et énergie, (*lettres* à Elisabeth, passim ; *Passions*, III<sup>e</sup> partie, art. 170), mais sans entêtement ni opiniâtreté (*lettres* à XXX, mars 1638, CXIII, II p. 31 sq. à Christine de Suède, 20 nov. 1647, CDXCV, V, p. 84).

(6) *Passions*, III<sup>e</sup> partie, art. 211.

que la conséquence ou la face matérielle d'une sorte de mécanique plus haute, dont la nature et les lois sont toutes psychologiques. Et, à proprement parler, ce n'est que ce côté mental de notre vie pratique qui doit nous intéresser et solliciter notre attention ; car, pour Descartes comme pour Geulincx, ce n'est que sur les dispositions intimes de notre âme que nous pouvons agir : d'après lui, en effet, « aucune chose extérieure n'est en notre pouvoir qu'en tant qu'elle dépend de la direction de notre âme et... rien n'y est absolument, que nos pensées » (1). L'âme, en effet, a pour unique fonction de penser, c'est-à-dire de percevoir et de vouloir : elle ne peut donc agir sur l'étendue, ni, en particulier, mouvoir le corps qu'elle anime ; elle n'est capable d'« exciter aucun mouvement dans le corps, si ce n'est que tous les organes corporels, qui sont requis pour ce mouvement, soient bien disposés » (2) ; en un mot, notre organisme, en relation avec le monde extérieur tout entier, obéit à des lois de mécanique et de physique, sur lesquelles nous ne pouvons rien. Donc, nous devons nous borner à agir sur nos états intérieurs, tout en conservant la confiance que les mouvements extérieurs seront en harmonie avec les modifications de notre pensée, comme nous le montre le plus souvent notre expérience quotidienne. Or, au regard de l'âme et abstraction faite de l'agitation des esprits, la passion est une perception confuse ou un jugement précipité. Donc le seul remède à la passion, qui soit du moins en notre pouvoir, consiste à transformer l'idée confuse en idée distincte, le sentiment vague et inexact d'un bien

---

(1) *Lettre à XXX*, mars 1638, CXIII (II p. 37).
(2) *Traité de la formation du fœtus*, § 3.

problématique et illusoire en la connaissance du véritable bien, les associations accidentelles et illogiques en relations rationnelles et scientifiques. En agissant ainsi, grâce au merveilleux parallélisme entre la pensée et l'étendue, dont Dieu est l'auteur et le garant, tout en conservant nos passions, nous les modifierons et les rendrons utiles et bonnes (1).

Le problème, en apparence très complexe, de la recherche du souverain bien et de la définition de la vertu se trouve maintenant ramené, par un procédé bien cartésien de réduction et d'analyse, à cette question beaucoup plus simple : comment s'y prendre pour bien juger ? Le secret de la morale consistera à former et développer le jugement ; et c'est pourquoi la véritable morale ne peut venir qu'après la science et même après toutes les sciences ; car, pour établir ce que sera la pratique de la vie, la raison devra juger de tous les biens, et, pour cela, les considérer dans leurs rapports à Dieu, l'homme et le monde, déterminer ceux qui dépendent de nous, les classer, choisir les meilleurs et sacrifier les moindres (2).

Si nous réussissons dans cette entreprise, nous arrivons ainsi à une morale définitive, fondée sur la nature des choses et sur l'ordre de l'univers méthodiquement connu par une science parfaite, à forme déductive. « Le souverain bien... n'est autre chose que la connoissance de la vérité par ses premières causes » (3). Cette identification de la morale et de la raison est le fond de la pensée de Descartes,

---

(1) *Passions*, I<sup>re</sup> partie, art. 48, 49 et 50 ; cf. : *Lettres* à Chanut, 1<sup>er</sup> fév. 1647, CDLXVIII (IV. 600) et 6 juin 1647, CDXC (V, p, 50).
(2) *Lettre* à Elisabeth, 1<sup>er</sup> sept. 1645, CDI (IV p, 280).
(3) *Lettre* à Mersenne, 27 avril 1637, LXXIII<sup>bis</sup> (I p, 366).

comme elle est le principe de l'éthique de Geulincx. L'ordre systématique des connaissances requises pour bien vivre va nous permettre de rapprocher encore les deux systèmes. Il faut savoir, d'abord, qu'il y a un être suprême, infini en perfection et en puissance, infaillible en ses décrets ; tout dépend de lui, même les vérités éternelles, même les principes mathématiques ; il est la cause éminente de tout, même des actes de notre libre-arbitre, et « cela nous apprend à recevoir en bonne part tout ce qui nous arrive, comme nous étant expressément envoyé par Dieu » (1). En second lieu, prenons conscience de la dignité de l'âme et de son immortalité ; « car cela nous empesche de craindre la mort et détache tellement notre affection des choses du monde que nous regardons avec mépris tout ce qui est au pouvoir de la fortune ». Enfin, la notion de l'ensemble de l'univers et de notre place exacte dans ce système physique et moral nous permet de mieux nous connaître et de mieux nous pénétrer de notre valeur, de notre puissance et du rôle que nous pouvons et devons jouer sur cette terre (2).

---

(1) *Lettre* à Elisabeth, 15 sept. 1645, CDIII (IV p. 291). En ce qui touche le rapport de Dieu et des vérités éternelles, voir : *lettre* à Mersenne, 15 avril 1630 (I. p. 145) ; pour la conciliation entre la toute-puissance de Dieu et le libre-arbitre, voir : *lettre* à Elisabeth, 3 nov. 1645, (IV p. 332).

(2) *Lettre* à Elisabeth, 15 sept. 1645, CD III, (IV p. 291). « Après qu'on a ainsi reconnu la bonté de Dieu, l'immortalité de nos âmes et la grandeur de l'univers, il y a encore une vérité dont la connaissance me semble fort utile, qui est que.. on doit toutefois penser qu'on ne saurait subsister seul, et qu'on est, en effet, l'une des parties de cet univers, et plus particulièrement encore, l'une des parties de cette terre, l'une des parties de cet Etat, de cette société, de cette famille... et qu'il faut toujours préférer les intérêts du tout... à ceux de sa personne en particulier, toutefois avec mesure et discrétion ». Cf. : *lettre* à Elisabeth, 6 octobre 1645, CDVII (IV p. 308).

Nous voici en possession de la vérité. Pouvons-nous dire qu'arrivés à ce point, nous vivons désormais de la vie morale, que nous avons acquis la vertu et le souverain bien ? Non ; car la vertu n'est pas uniquement l'état de l'intelligence en possession de la vérité ; elle est, encore et surtout, d'après notre philosophe, l'attitude volontaire de l'âme et le souverain bien requiert « non seulement la science, mais l'acquiescement volontaire » de l'âme à l'ordre que nous révèle la raison. Sur ce point, Descartes est formel et c'est d'une manière tout à fait explicite qu'il fait appel à la volonté, lorsqu'il s'agit de déterminer le bien moral et de le réaliser. S'il est vrai qu' « il suffit de bien juger pour bien faire », il n'est pas moins certain « qu'il ne peut y avoir que deux choses qui soyent requises pour être toujours disposé à bien juger : l'une est la connoissance de la vérité, et l'autre l'habitude qui fait qu'on... acquiesce à cette connoissance (1) ». D'où il résulte immédiatement que les biens de l'âme « se rapportent tous à deux chefs, qui sont l'un de connaître et l'autre de vouloir ce qui est bon » ; et encore, de ces deux éléments de la moralité, le second est, au point de vue humain, de beaucoup le plus important ; car « la connoissance est souvent au-delà de nos forces et c'est pourquoy il ne reste que notre volonté dont nous puissions absolument disposer ». Voilà donc le principe de la morale : il consiste « en la ferme et constante résolution de faire exactement toutes les choses qu'on jugera estre les meilleures et d'employer toutes les forces de son esprit à les mieux connoître (2) ».

---

(1) *lettre* à Elisabeth, 15 sept. 1645, CDIII (IV p. 291).
(2) *lettre* à Christine de Suède, 20 nov. 1647, CDXCV (V p. 83) ; *Ibid.*, p. 85 : « Le bon usage de notre libre arbitre est le plus grand de tous nos biens ; il est aussi celui qui est le plus proprement nôtre... ».

Cette place considérable faite à la volonté, sous la forme d'une adhésion à la vérité, rapproche singulièrement la doctrine de Geulincx de celle de Descartes et marque assurément une incontestable parenté entre les deux morales. Descartes, qui, déjà dans la morale provisoire, attribuait à l'effort volontaire une haute valeur, n'a jamais cessé de mettre l'intention au premier plan et de lui accorder une signification bien supérieure à celle de l'action : « l'on n'a pas sujet de se repentir, disait-il, lorsque l'on a fait ce que l'on a jugé le meilleur » ; « bien que ce que l'on fait alors puisse être mauvais, on est assuré que l'on a fait son devoir (1) » ; et, réciproquement, il déclarait, comme Geulincx, que si l'on fait le bien en croyant faire le mal, l'on est vicieux et l'on a péché. C'est donc en vertu d'un développement régulier et logique de la pensée de Descartes, que sa morale, chez lui d'abord, chez Geulincx ensuite, arrive à affirmer que « le droit usage de la raison empesche que la vertu ne soit fausse (2) », pourvu que notre volonté donne à la recherche de la vérité et à sa démonstration une adhésion habituelle et définitive. Ainsi, notre raison devient pratique par notre acceptation volontaire de l'ordre du monde, tel que nous le révèle la science, c'est-à-dire du décret divin dont il est l'expression.

Voyons maintenant ce que va devenir, dans la pratique de la vie, cette recherche de la vérité et cette acceptation résignée, mais raisonnable et volontaire de l'ordre universel ;

---

(1) *Lettre* à Christine de Suède, Ibid. (p. 81).
(2) *Lettre* à Elisabeth, 4 août 1645 (IV p. 267 ; cf. p. 265).

nous retrouverons, dans la correspondance de Descartes, presque textuellement les règles de la morale provisoire. Chacun de nous devra : « tâcher toujours de se servir le mieux possible de l'esprit pour connaître ce qu'il doit faire » ; — « avoir la ferme et constante résolution d'exécuter tout ce que la raison lui conseillera » ; — enfin, en s'efforçant de « considérer que les biens qu'il ne possède pas (quand il agit selon la raison) sont entièrement hors de son pouvoir », il supprimera « le désir, le regret ou le repentir qui peuvent empescher d'être contents (1) ». Ces règles, que Descartes formule en 1645, n'ajoutent rien, en apparence du moins, à celles qu'il avait énoncées en 1636, dans le *Discours de la Méthode*; mais elles en retranchent quelque chose, à savoir tout ce qui devait disparaître au moment où le système de nos connaissances arrivait à un état définitif et parfait ; aussi, la quatrième règle provisoire cesse-t-elle d'être formulée. Quant aux autres différences, elles se précisent, si nous examinons d'un peu plus près les maximes que nous venons de rapporter et si nous les comparons à celles du *Discours de la Méthode*. Dans la première règle du *Discours*, le bien était défini par la vraisemblance ou la probabilité ; ici, il est défini par la science, c'est-à-dire par le fonctionnement normal de l'entendement éclairé et libéré. La deuxième règle est à peu près identique dans la *Correspondance* et dans la *Méthode* ; elle concerne, en effet, la volonté seule ; or la volonté étant infinie en l'homme, celui-ci, qui donnait naguère son entière adhésion à ce que l'entendement lui présentait comme vraisemblable, l'accorde maintenant, à plus forte raison, à ce qu'il lui propose comme

---

(1) *Ibid.*, (ibid., p p. 263-267).

vrai ; et la troisième règle constate uniformément l'accord du bonheur avec une organisation de la vie qu'une décision constante de la volonté rend conforme à la vérité, à l'ordre du monde, à la volonté divine.

Descartes n'a guère poussé plus avant le développement des prescriptions de l'éthique ; il n'a pas essayé de déterminer la nature des devoirs particuliers et, sur ce point, il nous est impossible de comparer les quelques indications éparses dans sa correspondance aux déductions minutieuses et aux recommandations pratiques que nous avons trouvées chez Geulincx, abondamment exposées.

Nous avons essayé de mettre en lumière les principes directeurs de la morale de Descartes et de dégager les fondements de son système, tels qu'il est possible de les retrouver hypothétiquement. Nous avons dû, pour cette reconstitution, recueillir et interpréter les passages trop rares où, soit dans ses œuvres proprement dites, soit dans sa correspondance, il s'est aventuré sur le terrain de la morale ; nous avons surtout tenu compte de sa métaphysique, de sa méthode, de sa physique et de sa science de l'homme. Nous nous rendons compte de ce qu'une telle restauration a d'artificiel. Nous n'avons pu la faire qu'en regardant, avec la plupart des commentateurs, la morale du *Discours de la Méthode* comme une morale provisoire, celle du *Traité des Passions* comme une morale incomplète et en considérant enfin que la morale définitive de Descartes n'est ni un intellectualisme, comparable à celui de Platon ou des Stoïciens et qui ferait pressentir l'*Éthique* de Spinoza ou la *Morale* de Malebranche, ni un « voluntarisme » qui devancerait la philosophie pratique de Kant. Tout en reconnaissant, dans Descartes, l'importance de cette dernière tendance, nous avons tenu compte de la première et nous avons essayé de montrer comment, par le jeu combiné de l'entendement et de la volonté, l'homme atteint à la vertu et parvient au souverain bien.

Or cette solution n'est pas acceptée par tous ceux qui se sont occupés de la morale cartésienne.

Pour certains, la morale du *Discours* peut être, à très peu de choses près, considérée comme l'éthique définitive du système. Toute la préoccupation de Descartes aurait consisté, d'après eux, à fonder sur des déductions solides et méthodiques des préceptes empruntés soit à l'antiquité stoïcienne, soit au christianisme et surtout à la scolastique et à la philosophie thomiste (1).

Pour d'autres, la véritable originalité de Descartes consisterait à avoir voulu esquisser une science des mœurs, en ramenant la morale à l'hygiène et à la médecine ; le temps seul et peut-être le courage lui auraient fait défaut pour mener jusqu'au bout cette intéressante ébauche d'un « art pratique rationnel » (2) assimilable à la mécanique et à la médecine.

Le plus grand nombre des historiens de la philosophie n'hésitent pas à faire de Descartes un intellectualiste pur, que la reconnaissance de l'ordre du monde et la soumission au décret divin amèneraient jusqu'aux frontières du mysticisme (3).

---

(1) F. MARTIN, *De illa quam Cartesius sibi ad tempus effinxit ethica* ; Duaci, 1894 ; v. surtout p. 9 sq.

(2) LÉVY-BRUHL, *op. cit.*, p. 102 ; cf. p. 132.

(3) G. SÉAILLES, *Quid de ethica Cartesius senserit*, 1883. BOUTROUX, *Rev. de Mét. et de Morale*, juillet 1896, p. 510 sq. La morale, dans Descartes, est une « détermination parfaite de la volonté par la raison » ; cf. ; A. HANNEQUIN, *Histoire de la langue et de la litt. françaises*, t. IV, p. 516-518.

D'autres commentateurs mettent chez Descartes la volonté à la première place, la vertu n'étant ni une aptitude naturelle ni une fonction de l'intelligence, mais la continuité de l'effort volontaire ; pour eux l'intention constituerait toute la moralité (1).

On a pu enfin admettre comme des plans superposés, qu'aurait successivement atteints la pensée du philosophe. « Il n'est pas impossible, dit M. Victor Delbos, de démêler chez Descartes trois degrés des conceptions morales, qui semblent en parfait accord avec trois moments distincts de son système. A l'idée du mécanisme, correspond l'idée d'une morale physiologique dont l'objet propre est l'hygiène du corps et le gouvernement des passions ; à l'idée de l'entendement clair et distinct, correspond une morale intellectualiste dont l'objet propre est la sagesse par la science,... le contentement de l'âme par la raison ; enfin à l'idée de la liberté infinie, correspond une morale de la volonté... les vérités morales et religieuses relevant, au fond de la volonté seule » (2).

### 3. — *LA SOLUTION DE GEULINCX*

Entre toutes ces conceptions, l'attitude de Geulincx va nous permettre de choisir. Au moment où il écrit son *Ethique*, il a pu, à la rigueur, ignorer les *Lettres* de

---

(1) C'est semble-t-il, l'opinion de M. G. Richard (*Manuel de Morale* ; Paris, Delagrave, pp. 101-106) et aussi, avec quelques atténuations, celle de O. Hamelin, *Le Système de Descartes* ; Paris, Alcan, 1911 ; ch. XXIV ; v. surtout p 381.

(2) V. Delbos, *Le Problème moral dans la Phil. de Spinoza etc*, Alcan, 1894, p 5, 6, et 7. Dans un ordre d'idées très voisin, E. Thouverez, (*Descartes*

Descartes qui ne furent publiées qu'en 1667. Mais il connaît très bien le *Discours de la Méthode* et le *Traité des Passions*. Donc, s'il juge que la morale de Descartes est inexistante ou insuffisante, c'est, comme nous l'avons vu, parce qu'il n'ajoute aucune importance philosophique à la morale provisoire et qu'il la juge même plus dangereuse qu'utile ; mais c'est aussi parce qu'il n'accorde pas aux préceptes de médecine morale du *Traité des Passions* la valeur d'une éthique. Si nous en croyons son éditeur, Bontekoë, il aurait pensé qu'en les formulant, Descartes n'avait pas le dessein de diriger l'homme vers sa véritable fin et qu'il s'était préoccupé bien plutôt de son bonheur matériel que de sa moralité ; il croyait aussi que le cartésianisme engagé dans cette voie pouvait facilement être mal interprété et devenir très vite infidèle à son principe, qu'il risquait de subordonner l'âme au corps, la volonté au tempérament et la vertu à l'équilibre physique ; quand il se plaignait, d'après Bontekoë, des faux cartésiens qui arrivent à entraîner dans les excès du matérialisme le système du maître et qui aboutissent en morale à de véritables impiétés, il avait peut-être en vue ceux qui, comme Henri le Roy, faisaient de l'âme une faculté et de cette faculté une propriété ou un mode de la matière, mais il redoutait aussi sans doute que certains passages de la théorie des Passions pussent être considérés comme les principes définitifs de la morale cartésienne ; il s'insurgeait contre une telle

---

*les Méditations* ; Belin, Intr., p. 95 § 168) distingue chez Descartes trois morales hiérarchiquement disposées : la première est constituée par « un ensemble de règles pratiques ou d'hygiène mondaine » ; la deuxième par « une déduction scientifique » à la manière des anciens philosophes ; la troisième est « une acceptation volontaire et libre de la révélation religieuse ».

opinion et ce fut surtout pour l'écarter et pour combattre la tendance qu'elle manifestait qu'il écrivit son éthique contre les faux cartésiens (1).

Que si, maintenant, nous demandons à Geulincx de trancher le débat pendant entre les partisans d'une morale « voluntariste » et ceux de l'intellectualisme, il nous semble que notre exposé de l'éthique de ce philosophe a, par avance, répondu à cette question et que son interprétation du cartésianisme est, dans ses grandes lignes, d'accord avec la nôtre : Geulincx nous paraît avoir développé, dans son *Ethique*, une doctrine très voisine de celle que nous avons trouvée chez Descartes et nous avons pu signaler parfois au passage une ressemblance manifeste entre certaines affirmations du maître et des thèses que nous avons déjà rencontrées chez le disciple.

Le principe fondamental des deux systèmes est le même : C'est un mélange d'intellectualisme et de « voluntarisme ». D'une part, en effet, Geulincx considère l'homme, avec sa raison, comme un des modes de la pensée divine, incapable d'action originale, dénué de tout pouvoir dans l'univers et il lui assigne comme tâche de s'y tenir à sa place, d'en subir les lois, qui sont des décrets divins et de se contenter de les connaître, pour en pénétrer la sagesse et fortifier sa résignation. Mais, d'autre part, cette obéissance nécessaire et cette reconnaissance d'une imperfection incurable n'ont de valeur morale que si elles sont l'œuvre de notre libre

---

(1) D'après la dédicace de Philarète, l'*Ethique* de Geulincx est dirigée contre les hommes néfastes qui, « ut gravius noccant Cartesio, ac ejus discipulis, clanculum sub eodem nomine irrepsere, suamque impiam doctrinam, in illam Philosophiam, cum qua nequaquam convenit, introduxere ». (p. 11 de la dédicace dans la première édition).

volonté, si celle-ci adhère spontanément à l'ordre divin, qui consacre notre petitesse et, par là, transforme notre faiblesse naturelle en une vertu, qui est l'humilité. Toute notre valeur morale consiste, non pas dans des actes extérieurs, qui ne sont pas en notre pouvoir, mais dans des intentions, qui seules manifestent l'autonomie de notre volonté.

Or, n'avons-nous pas trouvé à peu près les mêmes éléments chez Descartes. Sa doctrine est tout d'abord un intellectualisme ; c'est là le caractère qui a surtout frappé ses commentateurs et que ses plus illustres continuateurs, Malebranche et Spinoza, ont mis en lumière, en le développant systématiquement. La volonté paraît être, chez l'homme sous l'entière dépendance de l'entendement ; elle ne peut aller qu'au bien, présenté comme tel par l'esprit; et, si elle va au mal, c'est toujours parce qu'il s'offre à elle sous l'aspect du bien, par une erreur de l'entendement. Le vice se confond avec l'ignorance (1). La morale est une science, la plus haute des sciences, ou même le terme et l'aboutissement de toutes les sciences (2) ; l'homme doit demander à la physique, à la médecine, peut-être à la politique, mais par-dessus tout à la métaphysique le secret de sa nature et de sa fonction, « partie de cette terre, de cet Etat, de cette société, de cette famille (3) ». Cette connaissance

---

(1) Voir surtout la *Lettre* à Mersenne, 27 avril 1637, LXXIII^bis (I, p. 366), où Descartes commente et reproduit les vieux adages : « Omnis peccans est ignorans ». « Voluntas non fertur in malum, nisi sub aliqua ratione boni repraesentatur ab intellectu ».

(2) *Lettre* au traducteur des *Principes*, loc. cit.

(3) *Lettres* à Elisabeth, 15 sept. 1645, CDIII, (IV 290 sqq.) et 6 octobre 1645, CDVII, (IV 304 sqq.).

une fois acquise, nous serons bons et vertueux, puisque
« il suffit de bien penser pour bien faire (1) » et l'on peut
prendre comme devise la maxime fameuse des anciens : « vivre
selon la nature », en l'entendant au sens de « vivre selon
la raison (2) ». Mais ce programme est, nous l'avons vu,
bien difficile à réaliser, étant donnée notre faiblesse. La
clarté de la vision intellectuelle ne dépend pas entièrement
de nous et excède nos forces. Aussi, pour suppléer à la
limitation de notre entendement, Descartes, tout comme
Geulincx, doit-il faire appel à celle de nos facultés qui est
infinie, qui est libre et qui nous appartient en propre, à la
volonté (3). Il définit la vertu un effort de la volonté et il
revendique la priorité de cette définition (4). Ce que l'on a
pu appeler l'« intentionalisme » cartésien est manifeste
partout, dans la correspondance qui se rapporte à ses
dernières années. Ce n'est pas dans la science, mais dans
l'aspiration vers la science, ce n'est pas dans la connaissance du bien, mais dans la tendance à le connaître, ce n'est
pas dans la bonne action, mais dans la bonne volonté
dirigée vers l'action que consiste la vertu (5), et, lorsque
nous voulons bien agir, si quelque chose de mal se glisse
dans nos actes, il n'y a pas de doute que nous ne nous soyons
cependant acquittés de tout notre devoir (6). Descartes

---

(1) *Méth.*, IV° partie, § 5.

(2) *Lettre* à Elisabeth, 4 août 1645, CCCXCVII, (IV p. 264 sq.).

(3) *Lettre* à Elisabeth, en tête des *Principes*, et à Christine de Suède, 20 nov. 1647, CDXCV (V pp. 83-85).

(4) Loc. cit. (IV p. 264 ; V p. 83) ; cf. : O. HAMELIN, *op. cit.*, p. 381.

(5) « Il suffit que notre conscience nous témoigne que nous n'avons jamais manqué de résolution et de vertu ». *lettre* à Elisabeth, 4 août 1645, CCCXCVII, (IV p. 265).

(6) « bien que ce qu'on fait alors puisse être mauvais, on est assuré néan-moins qu'on fait son devoir ; au lieu que, si on exécute quelque action de

donc, comme Geulincx, au risque d'être, comme lui, infidèle à ses principes et d'accorder trop à la volonté de l'homme, après avoir proclamé la toute-puissance de Dieu, fait, dans la morale, une part considérable à la volonté individuelle, en superposant un intentionalisme à son intellectualisme primitif.

Pour les mêmes motifs, et en considération de l'impuissance de notre raison, le maître et le disciple en arrivent également à faire plier cette faculté devant la foi, dès que nous ne nous trouvons pas en possession de cette évidence absolue, qui est elle-même une marque de la révélation divine ; tous deux résument, comme nous l'avons vu, toute la morale non seulement dans l'obéissance à l'ordre de Dieu, mais encore dans la libre adhésion à tout ce qu'il veut et prescrit, dans l'identification de la volonté de l'homme avec celle de Dieu. L'homme est vraiment moral, d'après Descartes, lorsque, « s'abandonnant du tout à la volonté de Dieu (1) », il accepte, par amour pour la perfection divine, tout ce qui lui arrive en ce monde. Il y a là, en germe, l'essentiel de la doctrine de Geulincx.

La même conformité va se trouver dans les conséquences pratiques des deux systèmes, dans les considérations sur les fins et les récompenses, c'est-à-dire, sur le souverain bien et la béatitude.

---

vertu, et que cependant on pense mal faire,... on n'agit pas en homme vertueux » *lettre* à Christine de Suède, 20 nov. 1647 CDXCV (V. p. 81-85). De même, dans une *lettre* à Elisabeth, mai 1646, CDXXXII (IV p. 411), Descartes indique que nous ne devons pas nous préoccuper du résultat de la vertu : «j'estime.. beaucoup plus la diligence de ceux qui se portent toujours avec ardeur à faire les choses qu'ils croient être en quelque façon de leur devoir, encore qu'ils n'en espèrent pas beaucoup de fruit ».

(1) *Lettre* à Elisabeth, 15 sept. 1645, CDIII (IV p. 294).

Pour Descartes, comme pour Geulincx, la vertu doit être définie par l'amour et cet amour n'est pas une passion, car il est indépendant de tout mouvement des esprits animaux. Descartes nomme « amour intellectuelle » ce que Geulincx appelle « amour effectif » ; il n'est que la volonté d'acquérir l'objet que notre raison nous fait connaître comme bon (1). Cet amour, qui nous porte vers un objet supérieur à nous et que nous nommons « dévotion » (2), est la volonté ferme d'obéir à celui que nous aimons, jusqu'au sacrifice, s'il le faut, pour contribuer à sa gloire (3). Celui qui se fait l'idée de l'infinie perfection de Dieu ne peut avoir pour lui que de la dévotion. Il semblerait, tout d'abord, que nous ne pussions avoir pour l'Etre suprême ni amour-passion, ni même amour intellectuel, puisqu'il n'y a en lui rien de matériel qui parle à nos sens et que, d'autre part, ses perfections ne sont pas à notre usage ; cependant nous pouvons susciter en nous l'amour de Dieu et de son décret, nous pouvons faire naître en nous la vertu, en nous représentant que nous sommes faits par lui et à son image. Geulincx, en un sens analogue, dans sa Métaphysique, nous présente Dieu comme un père digne de notre amour le plus dévotieux (4). Le ressort et le but de la vie morale sont donc, pour les

---

(1) *Lettre* à Chanut, 1ᵉʳ fév. 1647, CDLXVIII, (IV p. 601 à 603) ; cf. : *Principes*, IVᵉ partie, art. 189-190.

(2) *Passions*, IIᵉ part., art. 83. Dans l'art. 81, Descartes distingue l'amour de bienveillance de l'amour de concupiscence, comme le fera Geulincx, après lui, et les développements qu'il donne à cette distinction dans l'art. 82 font pressentir celle qu'établira Geulincx entre la *finis cujus* et la *finis cui*.

(3) *Lettre* à Elisabeth, 15 sept. 1645, CDIII (IV p. 294).

(4) *Met, vera*, III. Pars, 3ᵉ Sc. (II p. 183), sous le titre : « Ille (sc. Deus) est Pater ineffabilis ».

deux philosophes, l'amour ou la volonté de se confondre avec l'ordre divin, de l'accepter et de le bénir, même quand il paraît nous apporter la douleur, la souffrance et le mal. Geulincx a insisté sur cette conséquence du système ; mais Descartes n'est pas moins net sur ce point : « pour ce que le vray object de l'amour est la perfection, lorsque nous élevons notre esprit à le considérer tel qu'il est, nous nous trouvons naturellement si enclins à l'aymer que nous tirons même de la joye de nos afflictions, en pensant que sa volonté s'exécute en ce que nous les recevons (1) ».

Certes l'amour nous rend d'autant plus heureux que l'objet qui nous l'inspire est plus parfait. L'amour de Dieu va donc nous donner le plus grand bonheur qu'il soit possible d'atteindre et le devoir semble ainsi porter en lui sa récompense (2) ; mais Descartes ne veut pas qu'on considère les choses à ce point de vue et que l'on ambitionne cette sanction, quelle qu'en soit la grandeur et la pureté. La religion, il est vrai, promet à l'homme de bien, dans la vie future, une béatitude dont aucun bonheur terrestre ne peut nous donner une idée. La métaphysique elle-même nous permet sur ce point de concevoir une belle espérance, mais elle ne nous apporte pas de certitude véritable (3). L'immortalité de l'âme n'est pas l'objet d'une démonstration régulière et décisive (4) ; à plus forte raison n'avons-nous aucun motif sérieux de

---

(1) *Lettre* à Elisabeth, 15 sept. 1645, CDIII (IV p. 292).
(2) *Lettre* à Chanut, 1ᵉʳ févr. 1647, CDLXVIII (IV p. 608).
(3) *Lettre* à Elisabeth, 3 novembre 1645 (IV p. 332).
(4) *Méth.*, VIᵉ partie (VI, 56-60) ; *Abrégé des Méditations*, IX, 1ʳᵉ partie, p. 9 et 10.

croire qu'elle puisse acquérir par ses mérites la béatitude éternelle. Cette indécision, cette ignorance ne doit pas nous empêcher de bien faire ; elle donne, au contraire, son principal mérite à la vertu. Est-ce dans cette vie que le sage devra chercher sa récompense et la rencontrera-t-il dans une conduite vertueuse ? Assurément, dans le sentiment que nous avons de nous conformer à l'ordre universel, nous trouvons une telle source de félicité que nous nous déclarons heureux, même au milieu de nos malheurs (1) ; le sage cartésien n'est pas insensible (2) : il peut souffrir temporairement des disgrâces de la fortune, mais il s'élève plus haut, il se réfugie dans la vie supérieure de la raison et il considère les événements humains comme ces histoires tragiques qui, représentées sur un théâtre, nous font verser quelques pleurs, mais nous sont cependant une occasion d'admirer le génie de l'auteur dramatique et nous donnent un intime contentement (3). Toutefois, le sage ne poursuit ni ce contentement, passager ou durable, ni cette béatitude problématique. Entre celle-ci même et la vertu, il n'hésiterait pas : il irait à la vertu (4). Mais cette alternative est factice ; entre la béatitude et le souverain bien, il n'y a pas plus opposition qu'il n'y a identité ; l'une n'est que l'effet de l'autre ou encore l'attrait qui nous y porte, le moyen en vue de cette fin suprême (5) ;

---

(1) *Lettre* à Chanut, 6 juin 1647, (V. p. 56).
(2) *Lettre* à Elisabeth, 18 mai 1645, CCCLXXV, (IV p. 202).
(3) *Ibid.*, ibid. (IV. p. 203) ; cf. : à la même, janvier 1646, CDXIX, (IV p. 355). Descartes ajoute : « mais j'avoue qu'il faut être très philosophe pour en arriver jusqu'à ce point ».
(4) *Lettre* à Elisabeth, 6 oct. 1645, CDVII (IV p. 305-306).
(5) *Ibid*, ibid. et aussi : à la même, 18 août 1645 (IV p. 275-276) ; cf. : HAMELIN, *op. cit*, p. 380.

et c'est l'obéissance à Dieu, libre et désintéressée, qui reste le but dernier et le mobile immédiat de la conduite morale, même quand il s'y ajoute, par surcroît, la félicité la plus délicieuse. Aussi, la méditation sur les vérités éternelles, sur l'ordre universel et sur Dieu « remplit un homme qui les entend bien d'une joie si extrême, qu'il ne désire plus rien au monde, sinon que la volonté de Dieu soit faite... il aime tellement ce décret divin, il l'estime si juste et si nécessaire que, même lorsqu'il attend la mort ou quelque mal, si par impossible il pouvait le changer, il n'en aurait pas la volonté (1) ». Dégageons la caractéristique de tous ces passages et de ces diverses thèses : le bonheur n'est pas méprisable ; il est permis de le goûter ; mais il est sans importance, quand le devoir commande et jamais l'homme de bien ne doit le prendre en considération quand il s'agit de la conduite de la vie et de l'action morale ; jamais surtout il ne le préférera à la vertu.

Geulincx, nous le savons, a adopté une attitude analogue. Il a pour l'homme, et même pour le philosophe, une indulgence semblable ; il ne leur défend ni de pleurer, ni de goûter le plaisir, quand il se présente et il reconnaît, lui aussi, que la plus grande béatitude réside dans la connaissance de Dieu et dans la soumission volontaire à sa décision. Comme Descartes, il s'écrie : « Chastes délices d'une âme vouée à Dieu et engagée à sa loi, douces, pures et nobles joies, il n'y a que celui qui vous a goûtées qui connaisse le bonheur ». Mais il s'empresse d'ajouter : « et cependant, si c'est pour vous seules que je m'attache

---

(1) *Lettre* à Chanut, 1ᵉʳ fevr. 1647, CDLXVIII, (IV p. 612 sq.) ; cf. : à Elisabeth, 15 sept. 1645, CDIII, (IV p. 291) ; *Passions* IIᵉ partie, art. 91 et IIIᵉ partie, art. 212.

à la vertu, ce n'est plus à la raison, mais à la sensibilité que j'obéis, ce n'est plus moi que je soumets à Dieu, mais Dieu que je soumets à moi-même (1) ». Geulincx est ici plus catégorique que Descartes ; mais l'inspiration est la même : la préoccupation de la sanction, quelle qu'en soit la nature, si haute et si précieuse qu'on puisse l'espérer, disparaît à côté de la recherche de la fin morale ; l'intérêt individuel est, par lui-même, sans valeur. Geulincx fait longuement et vigoureusement le procès de l'amour-propre ; il nous enseigne à nous détourner de nous ; Descartes est plus discret ; il a su cependant vanter le sacrifice ; quand on aime Dieu comme il faut, « s'abandonnant du tout à sa volonté, on se dépouille de ses propres intérêts (2) ». Le renoncement mis en lumière par Geulincx d'une manière si puissante et si neuve était donc en germe, lui aussi, dans la pensée morale de Descartes.

Du maître au disciple, l'accent diffère ; mais la ressemblance est manifeste et ne saurait être niée.

---

(1) *Eth.*, tract. I, cap. II, Sect. II, § II, 4 (III p. 62).
(2) *lettre* à Elisabeth, 15 sept. 1645, CDIII (IV p. 294).

# CHAPITRE IV

## Des divergences entre les conceptions morales de Descartes et celles de Geulincx

Les ressemblances essentielles, que nous avons constatées entre l'éthique de Geulincx et les théories morales de Descartes, laissent place cependant à des différences assez considérables, dont il importe de rechercher la signification exacte, la nature et l'origine.

Celles-ci paraissent avoir frappé les contemporains mêmes de Geulincx et nous avons déjà indiqué que le professeur de théologie Ruardus Andala (1), dès le début du XVIIIe siècle, se donna la mission de démontrer que, sous un accord

---

(1) Voir notre Introduction, p. 5, note 2. Voici le titre exact de son *Examen Ethicae Geulingii*, dont nous allons surtout nous occuper : « Ruardi Andala | *Phil. et SS. Theol. Doctoris et* | *Professoris Ordinarii* | Examen Ethicae | Clar. Geulingii | sive | Dissertationum | Philosophicarum | *in quibus praemissa Introductione* | *sententiae quaedam paradoxae ex Ethica* | *Clar. Geulingii examinantur* | Pentas | *Francquerae* | *apud Wibium Bleck Bibliopolam* — cIɔIɔ CCXVI ».

Voici maintenant le titre de chacune des cinq dissertations qui constituent le recueil : I[e] : Introductio (p. 1-20) ; IIe : An intuitu propriae salutis, sive aeternae beatitatis obtinendae gratiâ, et Divinae remunerationis spe, Deum colere liceat ? (p. 21-70) ; IIIe : De Septem ejus Obligationibus. (p. 71-104) ; IVe : De Virtute in genere et Virtutibus ejus Cardinalibus et Particularibus (p. 104-140) ; V[e] : De bono et malo (p. 141-178).

apparent, toute la philosophie de Geulincx et sa doctrine morale, en particulier, étaient très éloignées du véritable cartésianisme. Ce théologien, partisan décidé de la philosophie de Descartes, nous avoue que, dans sa jeunesse, il fut lui aussi un des admirateurs de Geulincx ; dans sa thèse de doctorat, soutenue en 1684, il avait adopté les idées morales essentielles de l'*Ethique* (1) ; dans un de ses ouvrages, *Compendium Theologiae naturalis* (2), il en conservait encore l'essentiel, avec cependant quelques restrictions et quelques réserves ; mais il nous déclare qu'une étude plus approfondie lui fit reconnaître dans cette philosophie, si vantée et d'ailleurs si séduisante, les erreurs les plus graves et les affirmations les plus contraires à la morale chrétienne. Il comprit alors, nous dit-il, combien la philosophie de Descartes pouvait être compromise par de tels excès, et quelles armes une interprétation aussi pernicieuse pouvait donner aux adversaires du cartésianisme ; il résolut donc de rompre toute solidarité entre le grand philosophe français et son prétendu disciple et de montrer que, malgré les apparences, celui-ci doit être mis au nombre des « pseudo-cartésiens » (3) Andala appelle ainsi certains écrivains, dont il attaque la doctrine, entre autres

---

(1) ANDALA nous dit (*Examen Eth. G.*, Diss. I*, p. 25), que dans sa thèse de doctorat, soutenue en 1684 (on a imprimé par erreur en 1694) il a affirmé, d'après Geulincx, que Dieu ne doit pas être aimé en vue d'une récompense et que l'homme doit rejeter tout souci de son propre salut.

(2) « Quin et profiteor me, *Theologiam Naturalem* ante aliquot annos scribentem, sensu sano admisisse *Geulingianas 7 obligationes* ; » (Ibid.) ; cf. : IV* Diss. (p. 108).

(3) *Ibid.*, (p. 3) ; voir aussi toute la Préface au lecteur ; Il appelle encore Geulincx et les pseudo-cartésiens : « clandestinos philosophiae Cartesianae hostes ».

« Benoist de Spinoza, le plus mauvais de tous » (1), de Volder (2) et Cléricus (3) ; il leur oppose les vrais cartésiens, tels que Clauberg, de la Forge, Poiret, dans sa première manière, de Raai (sic) (4).

En ce qui concerne Geulincx, il veut « que l'on efface son nom du nombre de ceux qui acceptent les principes du philosophe René Descartes ; qu'il ait des points communs avec lui, on l'accorde (et il lui fallait bien employer cette ruse et cet artifice pour en imposer au monde savant) ; mais ce qu'il y a de plus fondamental dans le cartésianisme, il le renverse, le dénature, le rejette » (5). Déjà, dans la quatrième dissertation de sa *Pentas* (6), parue en 1712, il a critiqué les théories de Geulincx et de son disciple Wilhelm Deurhoff, sur la notion de substance et les rapports entre la substance pensante, avec les esprits, et la substance étendue, avec les corps, sur le concept de l'efficience et sur l'union de l'âme et du corps et il avait, en passant, montré les analogies de la métaphysique de Geulincx avec celle de Spinoza. En 1716 il publia une autre *Pentas* et dans ce recueil de cinq dissertations, sous le titre général d'*Examen Ethicae Geulingii*, il se proposa de développer

---

(1) « Omnium longe pessimus, qui tamen aliis praeivit et viam monstravit, fuit Benedictus de Spinoza » (p. 3). De la p. 3 à la p. 15, ANDALA accable Spinoza sous ses critiques et ses invectives.

(2) De Volder est aussi infidèle à Descartes, mais à un moindre degré (p. 15-20).

(3) Clericus, avec moins d'artifice, a aussi dénaturé Descartes. (p. 20-22).

(4) *Ibid.*, (p. 28).

(5) *Ibid.*, Préface au lecteur, (seconde page).

(6) RUARDI ANDALA, *Philosophiae Doctoris et professoris Dissertationum philosophicarum Pentas, cui adjecta est continuatio Ephemeridum aeris atmospherici variationum, A mense Julio A. 1710 ad mensem Junium A. 1712 ; Franequerae, Apud Franciscum Halmam*..... MDCCXII.

sa réfutation en la faisant porter sur la philosophie pratique et de montrer « combien il est faux d'appeler Geulincx, entre autres, un cartésien, alors qu'il est un des ennemis clandestins du cartésianisme et de toute philosophie » (1).

## I. — *EXAMEN DE L'ETHIQUE DE GEULINCX PAR RUARDUS ANDALA*

Les intentions d'Andala ayant été ainsi précisées, tant dans sa *Préface au Lecteur* que dans sa première dissertation, on s'attendrait sans doute à trouver dans le reste du recueil une comparaison rigoureuse entre les principes du cartésianisme et ceux de Geulincx ou entre les conséquences morales de la doctrine de Descartes et celles qui peuvent se tirer de l'*Ethique* de notre auteur. Il n'en est rien. Dans son ouvrage, dont la majeure partie est faite de longues citations empruntées à Geulincx, Andala se contente de réfuter uniquement celui-ci, en se tenant à son point de vue personnel, au nom de ses opinions philosophiques ou surtout de ses propres croyances religieuses. Il le combat, tantôt en découvrant dans les développements de sa doctrine des contradictions intrinsèques (2), tantôt en montrant que

---

(1) *Examen Eth. Geul.*, Intr. I⁰ Diss. (p. 28).
(2) Il essaie de montrer en plusieurs endroits, (et par exemple V° Diss., p. 160 sq.), que la vertu consistant, d'après Geulincx, à accepter avec résignation et joie, comme étant de véritables biens, les maux et les faiblesses morales, qui nous viennent de Dieu, pour notre philosophe, le mal est un bien, le péché une vertu etc..., ce qui va contre le sens commun et la raison. Il y a encore contradiction lorsque Geulincx, après nous avoir recommandé de nous soumettre à la volonté divine d'acquiescer à l'ordre du monde, de « voler » au premier appel de Dieu, nous permet et

ses théories aboutissent à des conséquences contraires à la morale courante (1), ou encore qu'elles ne permettent pas de distinguer à leurs actes les bons d'avec les méchants (2), tantôt en faisant voir que les thèses essentielles de l'*Ethique* vont contre les préceptes et les enseignements de l'Ecriture (3), les exemples donnés par Jésus ou la vie des

---

même nous prescrit de demander secours et remèdes, si nous sommes en danger (III⁰ Diss. p. 88).

Autres contradictions : La vertu consiste à nous contenter de ce qui nous arrive ; désirer quelque chose de plus, c'est être intempérant ; donc c'est être intempérant que de désirer la sagesse ou la tempérance, si on ne les a pas (IV· Diss., p. 31). Geulincx dit que l'utile n'est pas un bien ; mais il a défini le bien ce que nous aimons ; or, nous aimons ce qui est utile ; donc l'utile est un bien, d'après la définition même de Geulincx (V· Diss. p. 152).

(1) Par exemple, lorsque Geulincx dit que les bons, qui ne recherchent pas les biens agréables, ne trouvent pas de joie à les posséder, et que les méchants, qui les désirent, sont heureux, lorsqu'ils les obtiennent, il va contre l'opinion commune (V· diss., p. 159) ; quand il prétend que l'homme vertueux ne doit pas s'opposer au mal, il heurte la raison, aussi bien que la religion (ibid., p. 167). Il est encore absurde et paradoxal, quand il prétend que le bien et le mal ne sont rien en soi et consistent seulement en des dénominations externes. Le bien est, au contraire, la plus grande réalité et le mal en est la privation (ibid., p. 178). Il ne révolte pas moins le bon sens, quand il soutient que les criminels obéissent à Dieu ; car on n'obéit à quelqu'un que si l'on connait la loi qu'il a édictée ; or, les méchants ignorent la loi de Dieu.

(2) Il est impossible de distinguer les bons des méchants en considérant leur attitude en présence du plaisir, puisque les bons s'y livrent aussi immodérément que les méchants, d'après Geulincx (III⁰ diss., p. 94-95).

(3) L'Ecriture enseigne que l'homme doit songer à la béatitude et à la vie éternelle contrairement à ce que prétend Geulincx (II· diss. p. 36 sq. et pp. 51 à 55). La morale de Geulincx se résume dans l'acceptation de l'ordre du monde, tel qu'il est, dans son inflexible nécessité. Elle supprime le culte, la crainte et le respect de Dieu, le repentir et la contrition. (IV⁰ diss., p. 139). La charité ou amour de Dieu y est très diminuée (II· diss., p. 68).

Saints (1), tantôt enfin en affirmant que le système tout entier n'est qu'un spinozisme à peine atténué, mais peut-être moins cohérent et moins courageux, c'est-à-dire, au fond, un athéisme voilé d'hypocrisie (2).

En effet, d'après Andala, Geulincx n'admet qu'une substance spirituelle, puisqu'il considère les esprits particuliers comme des modes de l'entendement divin et il ne reconnaît qu'une cause véritable, puisqu'il nie l'efficacité des causes secondes, et en particulier, celle des volontés humaines, incapables de produire au dehors des mouvements, quels

---

(1) Geulincx fait de l'amour de soi la source et l'origine de tous les vices : or le Christ et les Saints ont toujours demandé à Dieu de leur éviter le mal et de leur donner le bien (II° diss., p. 60). Ce fut aussi la prière des confesseurs et des martyrs (II° diss., pp. 63-65). Tout ce qu'on fait en vue de soi-même est mauvais, dit Geulincx : David déclare le contraire (ibid., p. 67). Geulincx assure que nous ne devons jamais maudire le jour où nous sommes nés : Cependant Jésus lui-même a dit à Judas qu'il aurait mieux valu pour lui qu'il ne fût jamais né.

(2) A tout instant, dans son *Examen*, ANDALA reproche à Geulincx de rééditer les impiétés de Spinoza, en se contentant de les présenter d'une manière insinuante et, en apparence, d'accord avec le christianisme. Voici quelques-uns des rapprochements précis qu'il établit : Geulincx est de l'avis de Spinoza, lorsque celui-ci fait naître la vertu du désir de l'être à persévérer dans l'être et la fait consister en la recherche de l'utilité (*Eth.*, IV° partie, prop. 20 et 22) ; (ANDALA, III° diss., p. 101 et IV° diss., p. 109), ou encore lorsqu'il dit que les lois naturelles sont les décrets éternels de Dieu (*Tract. theol polit.* ch. 3 et 6) (ANDALA 4° diss., p. 115). Spinoza, en niant la liberté, a fait du péché un préjugé (*Eth.*, Pars I, appendice ; cf. : Pars IV prop 68). Geulincx est plus prudent, mais, en fait, il aboutit aux mêmes conséquences, (ANDALA, V° Diss. p. 172 cf. 177). L'attitude de Geulincx vis-à-vis des passions considérées comme naturelles et nécessaires est aussi celle de Spinoza (ANDALA III° diss. p. 92 sq.). La manière dont il conçoit les rapports de nos esprits à l'esprit divin, dont ils seraient des modes, et l'explication qu'il donne de la création divine sont aussi purement spinozistes (*Eth.*, pars 1., Prop. 16 et Cor. I, prop.) (ANDALA, IV° Diss. p. 131-135).

qu'ils soient, ou des actes en général (1) ; Dieu lui-même n'est cause que si nous entendons la création dans un sens tout particulier et bien voisin de la doctrine de l'émanation de Spinoza, à savoir que Dieu a été avant toutes choses et que les précéder c'est les produire (2). Ce que Geulincx dit de l'ineffabilité de Dieu lui est gravement reproché : il parle de Dieu comme d'une nature aux lois inflexibles mais inconnues et son « occasionnalisme » précise cette doctrine intolérable ; il affirme une nécessité universelle, un ordre immuable des choses, sur lequel la volonté de l'homme ne peut rien et de là résultent des conséquences aussi contraires à la morale vulgaire qu'à la religion chrétienne (3) ; il dit que Dieu est l'auteur du mal et du péché, à moins qu'il n'y ait ni mal ni péché, puisque toutes les actions et toutes les passions expriment également la volonté divine et l'ordre raisonnable (4) et que, d'autre part, la vertu de l'homme ne peut consister qu'à se conformer à la nécessité : or, comme les bons et les méchants sont soumis aux mêmes lois nécessaires et ne peuvent s'y soustraire, quoi qu'ils fassent, il n'y a plus de distinction, ni entre les bons et les méchants, ni entre le bien et le mal, qui ne sont que des dénominations extrinsèques et non des qualités réelles des choses et des actions ; en effet, le mal qui arrive conformément à ma pensée et que j'accepte comme expression de l'ordre universel et divin, n'est pas un mal et, dans les

---

(1) V. I<sup>e</sup> et III<sup>e</sup> diss., passim (par ex. p. 86).
(2) V. surtout IV<sup>e</sup> diss., p. 135.
(3) Ibid. et sur l'occasinnalisme et la négation de l'efficacité des causes secondes et de la volonté humaine, la plus grande partie de la III<sup>e</sup> dissertation (surtout pp. 70 à 87).
(4) Dans la III<sup>e</sup> dissertation, passim (surtout p. 83) ; cf. : V<sup>e</sup> diss. p. 171.

mêmes conditions, le péché faisant partie de la nature et adopté par mon assentiment volontaire, parce qu'il appartient à la réalité et qu'il est nécessaire, n'est plus un péché (1). Toutes les vertus se ramènent à la pratique consciente et spontanée des instincts et à l'acceptation des nécessités naturelles les plus basses. Spinoza avait dit quelque chose d'analogue, lorsqu'il prétendait faire dériver toute son éthique de la tendance naturelle de l'être à persévérer dans l'être (2).

Aussi Geulincx, en se contentant des quatre vertus cardinales, des vertus particulières qu'il en déduit et des sept obligations qu'il énumère, laisse-t-il en dehors de son éthique les vertus les plus essentielles ; il déclare qu'il n'en connaît pas d'autres «*se plures non nosse* » (3), celles que l'on appelle ainsi sont des illusions, des billevesées, « *nugas et commenta* (4) » ; il appelle sans doute de ce nom, s'indigne Andala, le culte de Dieu et l'espérance en une vie future, telle que Dieu nous l'a promise. Contrairement à la croyance la plus répandue et à la doctrine morale de l'Eglise, il admet qu'aucune de nos passions n'est mauvaise, mais que, comme toutes nos sensations, elles ont hors de nous leur origine et sont donc sans importance en ce qui touche la vertu (5).

D'autre part, la loi suprême de la morale de Geulincx, l'obéissance à la raison ou l'amour de Dieu ne sont rien, si, comme il le dit, Dieu fait tout. Donner l'amour de Dieu ainsi entendu, c'est-à-dire, au fond, l'assentiment aux lois

---

(1) Voir par exemple V° diss., p. 150.
(2) III° diss., p. 101 ; voir ci-dessus, p. 188 note 2.
(3) IV° diss., p. 110.
(4) III° diss., p. 103.
(5) Ibid., p. 103-104.

naturelles, comme unique préoccupation à l'homme, lui interdire de songer soit aux biens utiles, soit aux biens agréables, soit même et surtout au salut éternel, c'est lui enlever un stimulant et une espérance, c'est offenser Dieu, qui a créé tous les biens et qui nous a promis la vie éternelle, pour nous rendre meilleurs, c'est enfin faire disparaître le repentir et la pénitence, supprimer le culte et les actes essentiels de la religion (1).

Nous ne nous attarderons pas à réfuter ces critiques d'Andala, qui sont presque toutes superficielles et mesquines, parfois même entachées d'une évidente mauvaise foi (2). Andala a affecté de ne considérer, dans le système de Geulincx que la conduite extérieure de l'homme et c'est parce qu'il a pu y voir que le bon et le méchant, soumis au même déterminisme, mûs par le même mécanisme, accomplissent des actes également nécessaires, qu'il a cru légitime de conclure à l'immoralité de la doctrine. Il a refusé obstinément de remarquer ce qui est l'originalité du système, ce qui était, d'ailleurs, assurément en germe chez Descartes, la moralité transportée dans la vie intérieure, dans la volonté, qui donne son assentiment à l'ordre universel, parce qu'il est rationnel, dans la volonté qui décide librement d'adhérer toujours à la loi divine, de n'accorder d'attention et de n'attribuer d'importance aux choses extérieures, aux plaisirs, aux passions, à l'amour de soi, que

---

(1) C'est l'objet particulier de toute la 1<sup>re</sup> dissertation ; mais Andala revient souvent à cette objection.

(2) Surtout lorsqu'Andala reproche lourdement à Geulincx ce qu'il a dit à propos de la 6<sup>e</sup> obligation, qui consiste à détendre notre esprit et à nous distraire, il insiste sur les mots tels que « debacchari, pergraecari » et, en les isolant et les commentant, il altère le sens de la pensée de Geulincx et finit par la rendre odieuse. (II<sup>e</sup> dissertation et passim).

s'il le faut et dans la mesure où cela est nécessaire, pour obéir au décret de Dieu. Dans toute la discussion sur les fins, qu'il dirige contre Geulincx (1), Andala montre bien qu'il s'en tient exclusivement à une description du bien considéré comme objet, d'où serait déduite la vertu, aspiration vers cet objet, désir de le posséder et de s'unir à lui, tandis qu'il ne peut pas comprendre une méthode où l'on pose au début une définition de la vertu comme disposition de l'âme chez l'agent moral, indépendamment de la fin à atteindre et de la satisfaction que l'on pourrait se proposer ; il néglige complètement la morale de l'intention.

Et surtout, Andala est infidèle à la promesse de son introduction : il n'essaie pas de montrer les prétendues divergences entre la pensée de Descartes et celle de Geulincx. Une seule fois, le nom de Descartes est prononcé, dans l'*Examen Ethicae Geulingii*, à propos des passions (2) et Andala reproche inexactement à Geulincx de n'avoir pas adopté la définition cartésienne de l'amour, « volonté chez celui qui aime de se joindre à un objet qui lui convient et qu'il juge présent ». Partout ailleurs, le critique est muet sur l'orthodoxie cartésienne du philosophe qu'il a entrepris de réfuter.

On pourrait aller plus loin et prétendre que quelques uns des reproches que le théologien adresse à Geulincx atteignent Descartes lui-même. Ne trouvons-nous pas dans le *Discours de la Méthode* et dans les *Lettres* l'affirmation du mécanisme universel, le conseil de se soumettre

---

(1) C'est l'objet de la V° dissertation ; (V. surtout p. 150).
(2) V° partie, pp. 156-157. ANDALA cite les articles 79, 80 et 81 du *Traité des Passions* et oppose la conception de l'« amour » de Descartes à celle de Spinoza (*Eth*. III° partie, Déf. 5, après la prop. 59), bien plus qu'à celle de Geulincx.

à l'ordre du monde et de faire, en quelque sorte, « de nécessité vertu » ; et, d'autre part, n'avons-nous pas, dans la doctrine cartésienne, comme l'ébauche et le pressentiment de l'occasionnalisme, contre lequel s'indigne Andala ; Descartes n'a-t-il pas, lui aussi, affirmé hautement qu'il faut poursuivre la pratique de la vertu, quelle qu'en soit l'issue, indépendamment de toute fin et sans songer même aux récompenses de la vie future (1) ?

Essayons cependant de lire entre les lignes de l'*Examen de l'Ethique de Geulincx*. Nous découvrirons aisément que, pour Andala, Geulincx n'est pas cartésien, parce qu'il est spinoziste. Ce qu'il lui reproche, c'est le spinozisme inavoué de sa doctrine (2).

Que devons-nous penser de cette accusation ? Nous ne pouvons pas ici, après des critiques comme MM. Pfleiderer

---

(1) Nous avons examiné tous ces points dans le chapitre précédent.

(2) Ruardus Andala semble croire à une influence directe de Spinoza sur Geulincx. Voici, par exemple, ce qu'il dit (Diss. IV., p. 109): « Licet *Spinoza* admodum subdolus fuerit verba que captiosa plurima adhibuerit, heu tamen magis aperte et candide mentem suam exposuit... Non fuit noster *Geulingius* ita candidus ut per quem profecisset, et a quo suam *virtutem* didicisset professus sit. Artis est celare artem ». Cette influence a-t-elle réellement existé ? Il semble difficile qu'elle se soit exercée par l'intermédiaire des traités de Spinoza. Geulincx publie son *Ethique* en 1665. Celle de Spinoza, commencée en 1661, fut achevée cette même année, 1665, et fut imprimée en 1677 seulement. Il semble difficile que Geulincx l'ait connue assez tôt pour en profiter, surtout si l'on se souvient que, déjà en avril 1664, notre philosophe avait publié une « *Disputatio de Virtute et primis ejus proprietatibus* », qui est comme un canevas très précis et très détaillé de la partie générale de l'Ethique. S'il y eut une action de la pensée de Spinoza sur celle de Geulincx, elle ne put avoir lieu que par des rapports d'amitié, des conversations ou des relations communes. N'oublions pas que Spinoza habita, de 1661 à 1664, aux portes de Leyde, à Rhynsbourg ; il put connaître et voir Geulincx, qui avait alors une certaine notoriété. « Potuit cum eo colere amicitiam et familiaritatem habuisse, quin et ita factum sit, non est

et Samtleben, établir à nouveau un parallélisme entre la philosophie de Spinoza et celle de Geulincx, rechercher si celui-ci a pu emprunter à celui-là quelques-unes des idées de son éthique ou de sa métaphysique (1), ou si, au contraire, la ressemblance des deux doctrines est due soit à des causes profondes, soit à des circonstances accidentelles, qui ont agi d'une manière analogue sur deux penseurs contemporains et presque compatriotes. Il nous est cependant impossible de ne pas noter rapidement les principales similitudes de leurs systèmes. Comme Spinoza, Geulincx voit dans l'éthique la partie essentielle de la sagesse ; ils entendent la vertu à peu près dans le même sens, puisque l'un et l'autre la font consister dans la connaissance de l'ordre universel et l'acceptation de son immuable nécessité ; ils conseillent tous deux la modération et la résignation ; ils réagissent contre l'orgueil de l'homme, qui, dans son égoïsme et son ambition démesurée, croit être le maître de ses pensées, de ses actions et aspire même à plier la nature physique à ses volontés ou à ses caprices. Aussi ramènent-ils l'individualité mentale à n'être qu'un mode de la pensée infinie et l'individualité organique à n'être qu'un mode de l'étendue, un rouage dans l'universel mécanisme.

---

dubitandum », nous dit WIBIUS VAN SLOOTEN, dans une *Disputatio .. de unione mentis et corporis* (p. 27, § 28), soutenue devant Ruardus Andala et sous sa présidence.

On peut adopter cette opinion ; mais il resterait à rechercher si c'est Spinoza qui a influé sur Geulincx ou Geulincx sur Spinoza et cette question à notre avis, n'est susceptible de recevoir aucune réponse. Il est plus légitime de conclure à une influence mutuelle et réciproque, au cas où les deux philosophes se seraient connus, à une rencontre et une coïncidence assez explicables par les circonstances, par le genre d'études de Spinoza et de Geulincx et par leurs préoccupations communes, s'ils se sont ignorés.

(1) Voir notre *Bibliographie*, Appendice II, à la fin du volume.

Et pourtant, que de différences entre Spinoza et Geulincx, même quand ils paraissent obéir à des tendances analogues. Si Spinoza a pour lui le mérite d'une rigueur parfaite, d'une exposition systématique, qui ne laisse rien à désirer et qui produit la forte impression d'un édifice inébranlable, nous trouvons, chez Geulincx, une souplesse merveilleuse, un sens remarquable de la réalité et, en particulier, le souci de conserver à l'homme toute la liberté indispensable à la morale et compatible avec le déterminisme de l'univers physique ; par là, notre philosophe se rattache bien plus directement à Descartes qu'il n'est voisin de Spinoza.

La doctrine de l'humilité ne se rencontre nulle part chez Spinoza (1), dont le principe fondamental : « *Suum esse conservare summum est* », forme un contraste saisissant avec l'attitude résignée et le renoncement que recommande Geulincx. Spinoza dit bien, comme lui, que « la béatitude n'est pas la récompense de la vertu (2) », mais il ajoute aussitôt qu'elle est la vertu elle-même et l'on sent bien que, pour lui, elles ne peuvent pas être séparées et que c'est d'un même

---

(1) « L'humilité est, comme la crainte, un affaissement de nous-mêmes et loin d'être entretenue par la connaissance de notre nature, elle n'est, en réalité, comme l'orgueil, que la pire ignorance. Du moment que nous parviendrions à nous connaître entièrement nous-mêmes, cette connaissance exacte de notre nature produirait en nous un sentiment légitime de joie et de fierté. Au surplus, nous savons bien que l'humilité est un orgueil qui se déguise, que sous les formes réservées de la modestie, elle cache la prétention outrecuidante de censurer perpétuellement le prochain » (V. Delbos, *op. cit* p. 127). Cf. : Spinoza, *Eth.*, IV° partie, prop. 53, 55, 56, 57, 58 ; Appendice, ch. XXII, XXIII. L'humilité, pour Spinoza, est une passion et, si elle a parfois quelque utilité, ce n'est que chez les hommes qui ne parviennent pas à diriger leur vie selon la raison. Si l'on doit pécher, il vaut mieux pécher par humilité. (*Eth.*, IV° part., prop. 54, scol.).

(2) *Eth.* V° partie, prop. 42 ; cf. : IV° partie, prop. 39 ; V° partie, prop. 38 et 39.

mouvement, que l'homme va vers la vérité et vers la joie. Geulincx, lui, ne veut pas que l'individu se préoccupe du bonheur, ce bonheur fût-il la félicité éternelle : la vertu se suffit et lui suffit ; et, par là encore, il nous a paru que notre philosophe avait bien traduit l'essentiel de la pensée cartésienne.

Enfin, même dans sa métaphysique il est resté beaucoup plus près de Descartes que de Spinoza. Sans doute, pour lui comme pour le philosophe d'Amsterdam, en Dieu la volonté et l'entendement sont une seule et même chose, sans doute le décret divin soumet éternellement le monde à un déterminisme inflexible, sans doute il n'existe, pour lui, qu'un seul corps et qu'un seul esprit, dont tous les corps et les esprits ne sont que les modes; et cette dualité elle-même tend à se réduire en une unité essentielle comparable à celle que pose Spinoza à l'origine de son système. En effet, chez Geulincx, le corps en général, la matière pure, le *brutum*, lorsqu'il est complètement dépourvu d'intelligence, semblent presque identiques au néant et n'apparaissent guère que comme une limitation imposée à l'esprit (1) et une imperfection qu'il doit subir, en vertu d'une loi mystérieuse de sa nature. Avec plus de logique ou plus de persévérance dans l'effort dialectique, Geulincx aurait dû arriver à la

---

(1) « Summa imperfectio brutalitas ».*Annot. in Cart.*, Pars I, art. 23 (III p. 384), « materiam... proximam esse nihilo » (*ibid.*); « imperfectiones rerum creatarum... sunt tantum negationes » (*ibid.* p. 383). Geulincx dit cependant qu'une intelligence parfaite pourrait et devrait commencer par la notion de Dieu et en tirer déductivement le monde. « Ab idea Dei incipere debemus, si velimus philosophari ». *Ann. ad Metaphysicam* (III p. 285). Il indique, par là, les tendances idéales de son système et le panthéisme qui en serait l'aboutissement logique.

doctrine spinoziste. Et cependant on sent que, chez lui, ce panthéisme, ou plutôt cet « acosmisme », se heurte à quelque chose d'irréductible. L'homme pensant a beau être un mode de l'esprit divin, il conserve une originalité indéniable ; son intelligence a beau être déterminée, ou même constituée par les idées que Dieu lui communique, il y a, en elle, ou à côté d'elle, un pouvoir d'assentiment que la doctrine métaphysique n'a pas bien mis en lumière, mais que l'éthique nous révèle. Et cela ne doit pas nous étonner, dans un système qui prend comme fondement le *cogito* de Descartes, c'est-à-dire l'intuition que chacun de nous a de lui-même, dans sa conscience. Notre être pensant est une réalité distincte, immédiatement saisie, connue avec évidence. Spinoza établit sa synthèse en partant de l'idée et de la réalité de Dieu, substance unique dont le développement produit le monde, Geulincx procède analytiquement, comme Descartes, et son point de départ, c'est le « *ipse te nosce* », ou la connaissance de soi ; l'individualité est la réalité fondamentale, puisqu'elle nous est donnée avec clarté dans ce sentiment immédiat et primitif ; si elle n'était pas ce qu'elle nous apparaît avec évidence, Dieu serait trompeur ; pour faire disparaître l'individualité, pour la dissoudre en l'immensité divine et lui enlever toute réalité substantielle, Geulincx aurait dû détruire tout son système, renoncer au *cogito*, renoncer au criterium de l'évidence, à la certitude de l'intuition, renoncer enfin à la véracité divine ; et par là il reste bien cartésien.

D'ailleurs, même si la pensée de notre philosophe se rapprochait, comme le prétend Andala, de celle de Spinoza, jusqu'à se confondre parfois avec elle, on n'aurait pas le droit de déclarer d'emblée qu'elle devient infidèle à la véritable tradition cartésienne. Descartes, par son attitude philosophique, n'autorisait-il pas, en quelque sorte, ses disciples ou ses successeurs à orienter de plus en plus son dualisme vers le monisme, soit au profit de la substance pensante, soit au profit de la substance étendue ? Ayant posé deux substances distinctes et irréductibles, n'avait-il pas été impuissant à expliquer l'action apparente de l'une sur l'autre, les communications entre la pensée et l'étendue et l'union de l'âme et du corps ? Ne s'est-il pas vu contraint d'avouer, non seulement que toute ma connaissance du monde m'est fournie « par l'entremise des idées qui sont en moi » (1) mais encore que le vrai soleil c'est le soleil intelligible, indiquant par là que, pour lui, la réalité la plus véritable, ce sont les idées de l'entendement et qu'au fond, dans le monde, tout est esprit ou représentation d'esprit ? En assimilant la conservation du monde à une création continuée, Descartes n'allait-il pas jusqu'à mettre en danger, au risque de se contredire, la croyance à l'existence distincte des individus ? En déclarant que la volonté de Dieu est absolument libre, en nous autorisant à affirmer « que Dieu peut faire tout ce que nous pouvons comprendre, mais non pas qu'il ne peut faire ce que nous ne pouvons pas comprendre », — que « sa puissance est incompréhensible, qu'il a créé, en dehors de toute nécessité logique, les vérités éternelles et qu'il les a faites telles qu'il pourrait même les changer », Descartes, comme Geulincx, subordonne en Dieu l'entendement à la volonté ; comme lui il le déclare ineffable, tellement sa toute puissance est incom-

---

(1) *Lettre* au R. P. Gibieuf de l'Oratoire, 19 janvier 1642 (III p. 472). « Nous ne pouvons avoir aucune connaissance des choses que par les idées que nous en concevons... tout ce qui répugne à ces idées est contradictoire et impossible », (ibid.) ; cf. : 2ᵉ *méditation*, §§ (9) à (13).

mensurable avec la conception que nous pouvons en avoir (1). Certes, Descartes proclame avec éclat la liberté humaine. Mais Geulincx ne l'affirme-t-il pas tout autant, d'une manière plus discrète ? Car, en quoi consiste, en somme, cette liberté cartésienne si vantée, sinon dans ce fait, qu'en présence des idées que nous propose l'entendement et de leur enchaînement accidentel ou empirique, dont nous ne sommes pas les maîtres, nous pouvons juger, c'est-à-dire affirmer, nier, douter. Toute liberté est donc adhésion ou refus d'adhérer et la liberté la plus haute est l'assentiment à l'évidence rationnelle (2). Geulincx n'a pas dit autre chose ; il n'a fait que transporter dans le domaine pratique cette théorie générale de Descartes, et, pas plus que Geulincx, Descartes ne pouvait accorder à l'homme une liberté capable de franchir les limites du monde de la pensée et d'agir, par delà la détermination volontaire de l'attention et de l'intention, sur notre corps et sur l'univers physique. Lorsque Clerselier écrivait à Delaforge, dans une lettre qui figure à la fin des trois volumes de la correspondance de Descartes (3), ces lignes

---

(1) Pour ce qui a trait à l'infinité de la volonté de Dieu, aux rapports de la volonté divine avec l'entendement divin et les vérités éternelles, à l'incompréhensibilité ineffable de Dieu, voir *Lettres* à Mersenne, 15 avril 1630 (I p. 135) ; 6 mai 1630 (I p. 147) ; 27 mai 1630 (I p. 151) et au P. Mesland, 2 mai 1644 (IV p. 110). Ici, considérant que, dans l'infinité de Dieu, entendement et volonté coïncident, Descartes reprend la formule de Saint-Augustin « En Dieu, *videre* et *velle* ne sont qu'une seule et même chose ». C'est une expression que nous avons trouvée aussi dans la *Métaphysique* de Geulincx.

(2) Voir les passages déjà cités et surtout : *Lettres* à Christine de Suède, 20 nov. 1647 (V p. 83) ; à Elisabeth, 15 sept. 1645 (IV p. 291) ; à XXX, mars 1638 (II p. 37) ; à Mersenne, 27 avril 1637 (I p. 366).

(3) *Lettre* de Clerselier à De la Forge, 4 décembre 1660 (l. CXXV du t. III de l'éd. in 4° de 1667).

significatives : « Comme avant que la nature fût, il fallait la voix toute puissante du Créateur pour la faire sortir du néant où elle était, de même, pour mouvoir et animer cette matière, il ne faut pas moins que la même voix et celle d'aucun esprit ne saurait être assez forte pour se faire entendre et obéir, à moins que la volonté du Créateur ne se trouvât jointe avec la sienne. Quand il serait vrai que, à la voix d'un ange, c'est-à-dire au désir de sa volonté, la matière aurait été mue, sa voix n'aurait été que celle de Dieu », il parlait en exécuteur testamentaire de la pensée de Descartes et il montrait que la philosophie du maître renfermait en germe autant d'« occasionnalisme » que nous en avons trouvé chez Geulincx. Si, comme nous le croyons, cette interprétation est exacte, il y a déjà chez Descartes, non pas certes tout le spinozisme, mais, du moins, ce que Ruardus Andala prétend trouver de spinoziste chez notre philosophe : l'immensité de Dieu, sa toute puissance au regard de l'impuissance de l'homme, le déterminisme absolu du monde des corps et du monde spirituel par rapport au décret divin, exception faite pour la volonté humaine, qui garde, chez le disciple comme chez le maître, le privilège de donner ou de refuser son assentiment aux pensées qui lui viennent de Dieu et à l'ordre universel, dont elle subit, quoi qu'elle fasse, les lois inflexibles et nécessaires.

Geulincx est donc resté cartésien ; il s'est contenté de développer des théories, dont il avait trouvé l'esquisse chez Descartes et, en ce qui concerne plus particulièrement cette question si importante et si fondamentale de la liberté et du déterminisme, si on voulait marquer absolument une différence entre les deux philosophes, tout ce que l'on pourrait dire, c'est que Descartes, élevé dans la scolastique et imbu de la doctrine thomiste (1), a retenu de ces disciplines, qu'il a cependant si souvent combattues, une préférence très vive pour la liberté, un désir d'en proclamer l'existence et de la maintenir, — en paroles tout au moins. Geulincx, formé dans une université respectueuse de la pensée de Jansenius (2) et gagnée à ses idées, ennemi déclaré de toute la scolastique, y compris la *Somme* de Saint-Thomas (3), en évolution graduelle

---

(1) C'est ce que fait resortir, dans sa thèse, M. F. MARTIN, *op. cit.* (pp. 5 sqq. et 79 à 83). Il cite, en particulier, ce passage caractéristique de la *Vie de Descartes* par BAILLET (I, 286) : « Persuadé qu'il n'avait pas de vocation pour donner des lois aux autres, il est toujours demeuré soumis à celles qui lui étaient légitimement prescrites... Et l'on peut assurer qu'il n'a jamais embrassé ni débité d'autre philosophie morale que celle de S<sup>t</sup>-Thomas, qui était son auteur favori et presque l'unique théologien qu'il eut jamais voulu étudier » ; et cet autre passage de Sylvain REGIS : « L'on fonde tout ce que l'on dit de la liberté humaine sur l'autorité d'Aristote, de S<sup>t</sup>-Thomas..... » (*Système de Philosophie*, Préface, e iiij).

(2) JANSÉNIUS, dans sa conception de la grâce et des effets qu'elle produit chez l'homme quant à sa moralité et à son salut, a une doctrine voisine de celle que nous avons trouvée chez Geulincx : L'homme fait invinciblement le bien et le mal ; il est prédestiné par Dieu au salut ou à la damnation, Cependant tous nos actes sont accomplis volontairement. L'évêque d'Ypres avait trouvé l'essentiel de cette thèse chez S<sup>t</sup>-AUGUSTIN. Voici d'ailleurs parmi les cinq fameuses propositions de JANSÉNIUS condamnées par Rome le texte de la troisième et de la quatrième : « III. *Ad merendum et demerendum, in statu naturae lapsae, non requiritur in homine libertas a necessitate, sed sufficit libertas a coactione.* IV. *Semipelagiani... in hoc erant heretici quod vellent eam gratiam esse talem, cui posset voluntas humana resistere vel obtemperare* ». Il y a un accord manifeste entre cette doctrine et celle de Geulincx.

(3) GEUL'NCX ne se réfère jamais à S<sup>t</sup>-THOMAS ; pour lui, c'est S<sup>t</sup>-AUGUSTIN qui est le grand docteur de l'église chrétienne : « Augustinus... post Paulum dit-il (*Annot. ad Meta.*, II p. 282), optimus doctor Ecclesiae fuit et omnia ejus ex intimis verae Philosophiae penetralibus hausta videntur, tam mirabiliter consentiunt nobiscum ». Or S<sup>t</sup>-Augustin est partisan du déterminisme et de la prédestination.

vers le calvinisme (1), qu'il adopte enfin, incline à affirmer la prédestination de l'homme et n'hésite pas à traduire ce dogme religieux en thèse philosophique : et c'est pourquoi il déclare, sans restriction, que les actes humains sont sous l'absolue dépendance de la volonté divine et de l'ordre universel, qui en traduit et en réalise le décret. Ici encore, nous sommes donc en présence d'une différence de caractère ou d'une diversité de foi religieuse, plutôt que d'une opposition de doctrine.

## — LES PASSIONS CHEZ DESCARTES ET CHEZ GEULINCX LA GÉNÉROSITÉ ET L'HUMILITÉ

Si l'on veut mettre en évidence cette opposition de tempérament et montrer, entre l'attitude philosophique de Geulincx et celle de Descartes, une divergence qui vaille la peine d'être notée, ce n'est pas à Ruardus Andala que nous la demanderons ; ce n'est pas non plus, à notre avis, dans les principes généraux des deux doctrines qu'il faudra la chercher, mais bien plutôt dans des théories de détail. Pour le prouver, nous prendrons com-

---

(1) Calvin est franchement déterministe. Pour lui, l'homme est, de tous points, sous la main de Dieu et nul ne peut être sauvé sans le secours de la grâce divine. Par là et par un certain nombre de points de morale, — rigorisme et austérité dans la conduite, reprobation des subtilités de la casuistique, protestation contre les abus qui s'étaient glissés dans l'Église romaine et, en particulier, contre l'importance accordée aux « bonnes œuvres », au détriment de l'amour de Dieu, — le jansénisme et le calvinisme se rejoignent ; il n'est pas étonnant que Geulincx les ait conciliés dans sa foi religieuse et philosophique et que l'on en retrouve dans ses traités l'influence combinée.

me exemple caractéristique ce que les deux philosophes pensent de la passion et de son influence sur la conduite morale de l'homme. Ici, la comparaison peut se faire avec aisance, puisque Descartes, écrivant spécialement et abondamment sur les passions, a pu fixer sur ce point sa doctrine et que Geulincx, — ou tout au moins son éditeur, — a consacré au même sujet tout un livre de l'*Ethique*.

Descartes commence par classer et par décrire les passions, et, après en avoir longuement déterminé l'origine et la nature, il en recherche l'utilité et le parti que l'on en peut tirer. Ne vont-elles pas tenir en échec la raison et la vertu, en empêcher les manifestations, en détournant l'homme de la poursuite du souverain bien ? Tel n'est pas le sentiment de Descartes : « Maintenant que nous les connoissons toutes, dit-il, nous avons beaucoup moins de sujets de les craindre que nous avions auparavant ; car nous voyons qu'elles sont toutes bonnes de leur nature et que nous n'avons rien à éviter que leurs mauvais usages ou leurs excès » (1). Elles sont « presque toutes tellement bonnes et tellement utiles à cette vie, que notre âme n'aurait pas sujet de vouloir demeurer joincte à son corps un seul moment, si elle ne les pouvait ressentir » (2). Elles excitent, en effet, l'âme à l'action, stimulent l'intelligence, aiguillonnent la volonté et nous empêchent de languir dans l'immobilité et l'inertie. Leur excès même n'est pas toujours à craindre et nous savons, d'ailleurs, que l'on peut trouver des procédés pour combattre ce qu'elles ont de dangereux ou de nuisible ; car

---

(1) *Passions*, 3ᵉ partie, art. 211.
(2) *Lettre* à Chanut, 1ᵉʳ nov. 1645, (IV. p. 538).

l'âme la plus faible peut, « étant bien conduite, acquérir un pouvoir absolu sur ses passions » (1). On luttera contre les mauvaises passions et on arrivera à les remplacer par les bonnes en suscitant dans l'âme la représentation des choses qui ont coutume d'être jointes avec les passions que nous voulons avoir et contraires à celles que nous voulons rejeter. C'est ainsi qu'aux passions du corps, il sera bon d'opposer celles qui sont excitées dans l'âme par l'âme elle-même et non plus par quelque mouvement des esprits animaux ; si nous arrivons à opérer cette substitution, nous serons libérés et heureux. « Il est certain, dit Descartes, que, pourvu que notre âme ait de quoi se contenter en son intérieur, tous les troubles qui viennent d'ailleurs n'ont aucun pouvoir de lui nuire ; mais plutôt ils servent à augmenter sa joie... cela lui fait connaître sa perfection,... satisfaction qui est si puissante pour le rendre heureux, que les plus violents efforts des passions n'ont jamais assez de pouvoir pour troubler la tranquillité de son âme » (2). Descartes peut dès lors examiner chaque passion particulière (3) et porter sur elle un jugement de moraliste. Sévère pour les passions qui lui semblent empreintes de bassesse et de lâcheté, il en reconnaît qui sont grandes et généreuses ; il montre pour elles de l'indulgence et même de l'estime. C'est ainsi que, s'il blâme la jalousie odieuse, qui est excitée par des objets indignes et qui se fonde sur des soupçons ridicules ou inconvenants (4), il approuve cette autre jalousie noble, et élevée, qui se rapporte à la garde du

---

(1) *Passions*, 1ʳᵉ partie, art. 50.
(2) *Ibid.*, 2ᵉ partie, art. 148.
(3) C'est l'objet de la 3ᵉ partie du *Traité des Passions*.
(4) *Passions*, 3ᵉ partie, art. 167 et 169.

devoir et à la conservation de l'honneur (1). La vénération et le dédain sont des passions mauvaises lorsqu'elles se développent dans des âmes faibles et ignorantes ; elles tombent alors dans l'excès, ou le défaut, c'est-à-dire se transforment soit en impiété soit en superstition (2) ; au contraire, les esprits raisonnables et droits savent par leur dédain et leur vénération rendre aux hommes et à Dieu ce qui leur appartient ou ce qui leur est dû (3). Quant à l'humilité, Descartes exalte sans doute cette humilité vertueuse (4) qui vient de ce que, comprenant l'infirmité de notre nature, nous reconnaissons nos fautes et, sachant que les autres sont des personnes raisonnables et libres, comme nous, nous ne nous préférons à quiconque ; mais il flétrit l'humilité vicieuse (5), qui consiste en ce qu' « on se sent faible et peu résolu » ; on exagère alors sa propre faiblesse, on s'estime aussi peu que possible et l'on tombe dans la paresse et l'indécision.

A l'humilité ainsi entendue, Descartes oppose ce qu'il nomme « la générosité de l'âme ». Cette noble passion a son fondement dans le sentiment que nous avons de la dignité de notre raison et de notre libre arbitre, cet « empire que nous avons sur nos volontés » et « qui nous rend, en quelque façon, semblables à Dieu, en nous faisant maîtres de nous-mêmes, pourvu que nous ne perdions pas par lâcheté les droits qu'il nous donne » (6). « Il faut, nous

---

(1) *Ibid.*, art. 168.
(2) *Ibid.*, art. 162.
(3) *Ibid.*, art. 164.
(4) *Ibid.*, art. 155 et 160.
(5) *Ibid.*, art. 159 et 160.
(6) *Ibid.*, art. 152.

dit encore Descartes, se faire justice à soi-même, en reconnaissant ses perfections, aussi bien que ses défauts et, si la bienséance empesche qu'on ne les publie, elle n'empesche pas, pour cela, qu'on ne les resente » (1). L'homme généreux a donc le sentiment de sa valeur ; mais il n'en a pas l'orgueil, il ne méprise personne ; car il voit que les autres hommes peuvent être, comme lui, bons et vertueux ; (2) sa passion le porte à rechercher l'estime et à fuir le blâme et, pour cela, à entreprendre de grandes choses et cependant à ne rien tenter dont il ne se sente capable. Dédaigneux des biens extérieurs, il sera à l'abri des sentiments bas et mesquins, de l'envie, de la cupidité, de l'avarice ; puisqu'il estime les autres comme soi-même, il sera courtois, affable et officieux, il ne se laissera jamais aller à la colère ; car il ne se sentira jamais offensé par les jugements d'autrui, sa valeur étant au-dessus de leurs appréciations ; il ne tombera pas non plus dans le piège grossier de la vanité (3). Il aura le sentiment de la gloire et la satisfaction intérieure, qui « sont l'une et l'autre des espèces de l'estime que l'on fait de soi-même aussi bien que des espèces de joye » (4). Ainsi la générosité, si éloignée de l'humilité, est décrite comme la plus belle des passions et paraît être l'une des plus hautes situations d'esprit où puisse parvenir l'homme conscient de sa puissance et de sa dignité. Ce panégyrique enthousiaste de la générosité est la manifestation éclatante de ce que peut être la passion dans une âme qui sait s'en rendre maîtresse et l'utiliser selon la raison.

---

(1) *Lettre* à Elisabeth, 6 oct. 1645, CDVII (IV p. 307-308).
(2) *Passions*, 3ᵉ partie, art. 152.
(3) *Ibid.*, art. 156.
(4) *Ibid.*, art. 157.

A cette conception de la passion chez Descartes et à cette appréciation de son rôle moral, s'oppose, presque point par point, la doctrine de Geulincx. Notre philosophe ne s'attarde pas à décrire ces sortes d'émotions ou à les classer ; elles ont pour causes immédiates des modifications corporelles, produites elles-mêmes par des mouvements de la matière dans le monde extérieur ; cela suffit pour que nous sachions qu'elles ne sont en aucune façon en notre pouvoir, que nous n'avons la faculté ni de nous les donner, si nous ne les avons pas, ni de nous les enlever, si nous les possédons. Nous sommes vis-à-vis d'elles dans le même état que vis-à-vis de nos impressions sensibles, ou de nos plaisirs et de nos douleurs : Nous sommes « *passifs* » dans toute l'acception du terme : Nous subissons, désarmés et impuissants. Par suite Geulincx s'interdira de juger les passions ; certes, il est d'accord avec Descartes pour dire qu'on ne peut pas les extirper, puisqu'elles font partie de notre « condition humaine » ; avec lui, il reconnaît qu'elles ne sont pas contraires à la vertu « *hostes virtutis non sunt passiones nostrae* » (1). Mais cela ne doit pas s'entendre tout à fait au sens cartésien. Descartes prétendait que nous pouvons faire servir les passions à la vertu et au bien ; Geulincx veut dire que les excitations passives que nous recevons du monde extérieur ne méritent aucune qualification morale ; les passions ne sont pas mauvaises, mais elles ne sont pas bonnes et jamais elles ne le deviendront. La seule chose bonne, sans restriction, consistant à aimer, à écouter la raison et à consentir au décret de Dieu, dont elle nous fait connaître à la fois l'implacable nécessité et l'ineffable sagesse, la seule chose

---

(1) *Eth.*, IV<sup>e</sup> traité, § 5 (III p. 112).

mauvaise étant de refuser notre assentiment à cette loi, qui nous gouverne et nous entraîne, il n'y a dans la vie morale aucune place, aucun rôle pour la passion. Puisque nous l'avons et qu'en raison de l'union de l'âme et du corps, il nous est impossible de ne pas l'avoir, il nous faut vivre avec elle, nous devons la considérer sans colère, même quand elle trouble notre zèle pour la vertu ; car elle entre dans le plan divin. Mais ce que nous pouvons et ce que nous devons faire, c'est de n'agir jamais et de ne jamais nous abstenir sous l'influence de la seule passion (1). La passion étant ainsi mise absolument hors de la morale (2), Geulincx ne peut pas distinguer, comme le faisait Descartes, des passions mauvaises et des passions bonnes. Ne cherchons en aucune façon dans nos dispositions corporelles ou dans la nature extérieure des appuis ou des moyens pour nous élever à la vertu et pour atteindre le souverain bien. Poursuivons une chose quand la raison le commande, renonçons-y quand la raison l'exige (3). Tout le reste n'est rien et demeure sans valeur, en nous comme hors de nous. Et même, de ce que nous possédons cette raison qui nous dirige vers le bien, n'en contractons aucun orgueil ; rappelons-nous sans cesse qu'elle nous vient de Dieu, que nous ne sommes que les créatures de l'être parfait et tout puissant, que de lui nous tenons notre être et aussi nos limites. Ces considérations doivent nous empêcher de nous laisser aller

---

(1) Voir tout le § 4 du IV<sup>e</sup> traité de l'*Ethique* « Actio praeter Passionem » ou « Vita Christiana ».

(2) « Passiones sunt extra genus morum », titre du § 1 du IV<sup>e</sup> traité de l'*Ethique* (III p. 105).

(3) *Ann. ad Eth.* (III p. 270-271) ; cf. : *Ann. in Cart.*, Pars I., art. 73 (III pp. 420 à 422).

à ce sentiment de fierté, que Descartes nommait la générosité et auquel il nous conseillait de nous livrer avec confiance, dans notre ascension vers la vertu. Toute la doctrine de Geulincx condamnerait une action dont la générosité serait le mobile (1), parce qu'elle serait inspirée par une passion et, qui plus est, par une passion très voisine de l'amour de soi et aussi éloignée que possible de l'amour désintéressé de la raison.

Le véritable sentiment moral, c'est l'humilité. Cette attitude, que Descartes traite avec une sorte de dédain poli et qu'il considère comme une faiblesse de l'âme unie à un corps débile, ne doit pas être considérée comme une passion : elle est une vertu, la plus haute et la plus complète des vertus cardinales ; car elle est la conséquence immédiate de l'amour de la raison et de la connaissance de Dieu ; elle est le faîte même de l'édifice moral. Simple spectateur de ce monde par la volonté de l'Être suprême, impuissant du fait de son infinie puissance, j'appartiens totalement à Dieu, dans la vie et dans la mort, dans l'action et dans la passion ; je dois donc m'abandonner complètement à lui, sans retour sur moi-même ; songer à Dieu, être satisfait de ma destinée, si malheureuse soit-elle, c'est la vertu ; songer

---

(1) Au portrait de l'homme généreux que Descartes a tracé avec une complaisance marquée, on pourrait opposer ce que Geulincx dit de l'orgueil mondain, de l'honneur du monde, qui sur certains points ne diffère pas beaucoup de la « générosité » cartésienne. Il nous montre ces glorieux essayant de nous faire croire qu'ils sont heureux, alors qu'il savent bien qu'ils sont profondément malheureux et que tout le monde le comprend : « Recto corpore incedentes et turgidi, testari volunt corpus suum bene habere... Elato supercilio, torvis oculis et frontibus, testari volunt se securos esse, se non timere.... atque ita, toto habitu corporis, vultu, oratione ac gestu, mentiuntur se beatos esse,... si haec dicenda felicitas est et non potius servitus et calamitas ». *Eth.*, tract. IV, § 7 (III p. 115).

à moi, à ma félicité, c'est le vice ; croire à ma grandeur, c'est l'impiété et c'est l'erreur ; persévérer dans une fière résolution une fois prise, c'est un entêtement « diabolique (1) ». Cette obstination, que Descartes avait conseillée dans le *Discours de la Méthode* et même dans ses *Lettres à la princesse Elisabeth*, Geulincx la déclare absolument contraire à la vertu et entachée d'une « volupté horrible et infâme (2) ».

Ainsi, tandis que la fierté généreuse était pour Descartes la plus belle attitude morale, pour Geulincx, la plus haute des vertus est l'humilité et l'on devine combien le portrait du sage ou simplement de l'honnête homme aurait été différent selon qu'il eût été tracé par l'un ou l'autre des deux philosophes.

Cette opposition très considérable ne porte pas, il est vrai, sur le principe des doctrines. Elle nous semble toute épisodique ; nous ne songeons pas à en diminuer par là l'importance ; nous prétendons seulement qu'elle s'explique aisément par des différences de situation, de caractère et d'éducation entre le philosophe français et son disciple de Louvain et de Leyde.

Descartes, fils de magistrat de rang élevé, riche et indépendant, a toujours mené l'existence aisée et parfois somptueuse d'un véritable gentilhomme ; honoré des

---

(1) Tout le § 8 du IV<sup>e</sup> Traité de l'*Ethique*, sous le titre : « De diabolo », traite de l'obstination (III p. 116 à 119). Geulincx conclut le paragraphe en proposant, comme maxime de nos actions, non pas la formule cartésienne : « Perge quia incepisti », mais cette règle : « Desiste, etiamsi inceperis, imo etiamsi optime inceperis, desiste ; aut perge ; sed non ideo perge, quia incepisti, ast quia Deus jubet » ; et c'est pourquoi il recommande le «ne quid nimis » des anciens. (III p. 119).

(2) *Ibid*, (III p. 117).

plus hautes amitiés, protégé par les plus puissants personnages, il pouvait vivre et penser à sa guise, en regardant avec calme, et même avec une hauteur dédaigneuse, la succession des événements heureux et malheureux ; il fut soldat, il sut mettre la main sur la garde de son épée et même la tirer pour se faire respecter.

Geulincx, fils d'un petit fonctionnaire municipal, professeur toujours menacé par les intrigues de ses collègues et les cabales de ses ennemis, connut la pauvreté et même la plus complète misère. Les événements conspirèrent pour l'abattre ; suspect à tous, malgré la pureté de son âme et la sincérité de ses convictions, il mena à Leyde une vie lamentable : il ne vécut que de la protection d'Heydanus. Damiron nous dit, après avoir étudié son œuvre : « Geulincx n'a pas de grandeur (1) ». Ce fut en réalité un humilié de la vie ; il n'est donc pas surprenant que son œuvre porte les marques de ses déceptions et de sa résignation philosophique, comme celle de Descartes reflète l'indépendance et la sérénité d'une âme que la douleur semble n'avoir jamais touchée.

Enfin et surtout, il devait y avoir une dissemblance complète entre le caractère de Descartes, élève des Jésuites de La Flèche, et celui de Geulincx, étudiant et professeur à l'Université janséniste de Louvain. Le premier, soucieux de ne jamais déplaire à ses maîtres, dont il connaissait la puissance, avait appris d'eux, dès l'enfance, l'art mondain et politique de composer avec les passions, de les diriger vers le bien, de les faire tourner à la plus grande gloire de Dieu. L'autre unit à l'austérité janséniste le rigorisme moral

---

(1) Damiron, *op. cit.*, t. II, p. 176.

du calvinisme vers lequel il évolue ; on lui a enseigné que les passions, quelles qu'elles soient, sont des obstacles à la raison et au salut ; tout ce que son système lui permet de faire en leur faveur, c'est de les déclarer indifférentes et de n'en prendre aucun souci. Saint-Augustin, Jansénius, Calvin rappellent à l'homme son infirmité et sa faiblesse et c'est chez eux que Geulincx puise sa doctrine de l'abnégation et de l'humilité (1).

A cela se réduisent, croyons-nous, les différences entre les théories morales de Descartes et celles de Geulincx. Quoiqu'elles ne portent pas sur les principes métaphysiques des deux systèmes et qu'elles ne se traduisent pas par de graves divergences dans les définitions de la vertu ou du souverain bien, elles suffisent à donner aux doctrines que nous avons comparées une signification et un retentissement très différents : elles en masquent l'accord très réel et en dissimulent la parenté.

---

(1) « Sic superbos Deus deserit ut relictos de uno scelere in aliud volvit. Nec mirum : Gratia, inquit Augustinus, est velut pluvia, quae de culminibus decidit ad ima vallium : superbos cito destituit, in humilibus haeret ». (*Collegium oratorium* p. 36).

# CONCLUSION

L'étude que nous avons faite de la morale de Geulincx, dans ses rapports avec la philosophie de Descartes, a répondu, croyons-nous, à la double question que nous nous étions posée :

Geulincx est-il cartésien dans sa morale ?

Comment a-t-il compris la morale de son maître, morale dont on discute encore aujourd'hui la nature et le sens ?

Sur le premier point, nous avons constaté une conformité presque complète entre les principes généraux du cartésianisme et ceux qui servent de fondement à l'éthique de Geulincx et, même si sa doctrine ne reproduisait pas celle que nous trouvons, à l'état d'ébauche, chez Descartes, ou que nous lui attribuons d'après ses divers écrits, elle est, du moins dans son esprit, nettement cartésienne. Descartes avait laissé sans réponses bien des problèmes que Geulincx a dû résoudre, pour y trouver les éléments indipensables à l'établissement d'une philosophie pratique :

Pourquoi Dieu a-t-il créé ?

Comment son infinité s'accorde-t-elle avec celle du monde ?

Comment le concept de substance, qui ne devrait convenir qu'à Dieu, peut-il s'appliquer à des créatures ?

Comment les deux substances, pensée et étendue, entrent-elles en rapport, pour constituer, en l'homme, l'union de l'âme et le corps ?

Comment la liberté est-elle compatible avec la toute puissance et la providence divines ?

A toutes ces questions, Geulincx a tenté de donner des réponses en ne s'adressant qu'à « la lumière naturelle » et ce n'est qu'après avoir demandé à la raison toutes les vérités qu'elle peut nous donner, qu'il se réfugie parfois dans « l'ineffabilité » de Dieu et « l'incompréhensibilité » de ses fins. Les solutions de Geulincx aux questions litigieuses de la doctrine cartésienne peuvent être discutées ; mais on doit reconnaître qu'elles s'inspirent de la méthode du grand philosophe et sont d'accord avec l'orientation générale de son système. Toutes les divergences importantes que nous avons pu noter viennent du caractère de Geulincx différent de celui des Descartes, des circonstances de sa vie, de son éducation, de son christianisme surtout, qui n'est pas celui de son maître.

Si enfin, pour répondre à notre seconde question, nous essayons de tirer de *l'Ethique* de Geulincx des indications sur la manière dont les disciples directs de Descartes ont compris et développé ses pensées morales, nous y trouvons la vérification de notre propre interprétation, qui est aussi celle de beaucoup de commentateurs et d'historiens de la philosophie. La morale cartésienne ne peut être, d'après Geulincx, ni un intellectualisme absolu, ni une doctrine de la volonté pure. Elle se présente certes, dans son ensemble, comme une morale métaphysique et scientifique à la fois, œuvre de la pensée qui raisonne, qui déduit, qui construit et surtout qui cherche, dans son union avec Dieu, à connaître le vrai pour faire le bien ;

mais, à l'origine, à la fin et à tous les moments de cette démarche de l'intelligence, comme d'ailleurs à tous les moments de l'œuvre logique de Descartes, interviennent, plus ou moins manifestement, l'attention, l'intention, la volonté ou la foi. Tous ces éléments, dans leur combinaison et parfois dans leur opposition, nous les retrouvons dans l'éthique de Geulincx. Peut-être celui-ci a-t-il insisté, plus que Descartes, sur la part de la bonne volonté dans l'acquisition de la vertu et l'obtention du souverain bien, peut-être y a-t-il aussi, dans son système, en raison de sa doctrine de l'humilité, un mysticisme que l'on n'a pas coutume de remarquer chez Descartes ; mais, comme on a pu le faire ressortir (1), Descartes avait conservé dans sa philosophie assez de christianisme pour qu'on y découvre, au moins en germe, ce mysticisme et cette doctrine de l'intention, que Geulincx n'a pas eu de peine à retrouver. Il a donc pu, sans être infidèle à la pensée du maître, orienter dans ce sens sa morale et en créer ainsi un système très intéressant et original, puisqu'il fait penser à la fois à des doctrines éthiques aussi opposées que celles de Malebranche, de Spinoza et de Kant.

Aussi pouvons-nous conclure en disant de la morale de Geulincx ce que son commentateur, M. Vander Haeghen a dit de toute sa doctrine :

« Il a conduit la philosophie du maître jusqu'à l'endroit précis où, pour progresser, elle devra nécessairement se diviser...arrivé là, il a eu comme une vision... des destinées futures de cette école cartésienne à laquelle viendront se rattacher tant d'illustres penseurs (2) ».

---

(1) F. Martin, *op. cit.*; voir, par ex., p. 72 et p. 84.
(2) Vander Haeghen, *op. cit.*, p. 159.

# APPENDICE I

### RÉSUMÉ DE LA VIE ET DE LA CARRIÈRE DE GEULINCX

1624 31 janv. — Acte de baptême d'Arnold Geulincx, (fils de Jean Geulincx, messager de la Ville d'Anvers et de Maria Strickers, mariés le 25 janvier 1623), né à Anvers, où habitent ses parents jusqu'en 1650.

1641 7 janv. — Arnold Geulincx est inscrit sur les registres de la pédagogie du Lys à Louvain.

1643 19 nov. — Il est reçu licencié ès-arts, second sur cent cinquante candidats et est inscrit au nombre des étudiants en théologie.

1646 décemb. — Il demande a être admis comme professeur de philosophie à la pédagogie du Lys. Il est nommé professeur secondaire et prête serment.

1652 On le nomme professeur primaire.

1652 septemb. — Il est désigné comme examinateur au baccalauréat et on le charge de présider les « *Quaestiones quodlibeticae* ».

1652 16 déc. — Il ouvre la session annuelle des « *Quaestiones quodlibeticae*» par un discours (*Oratio prima*).

1653 Première édition des « *Quaestiones quodlibeticae* » (à Anvers chez la veuve de Jean Cnobbar).

| | |
|---|---|
| 1654 | Il est nommé examinateur pour la licence. |
| 1654 août. | — Il est désigné comme doyen de la faculté des arts. Il entre en fonctions le 1ᵉʳ septembre suivant. |
| 1657 18 janv. | — Il est pourvu d'une prébende dans la basilique d'Aix-la-Chapelle, mais il n'est pas admis dans ce bénéfice, sous le prétexte qu'il n'avait pu prouver la légitimité de naissance de ses parents. |
| 1658 5 janv. | — L'assemblée des professeurs primaires du collège du Lys nomme à sa place, comme professeur primaire de philosophie, Pierre Damman. |
| 1658 23 janv. | — Au cours d'une réunion extraordinaire de la Faculté des Arts, les délégués du collège du Lys demandent et obtiennent la nomination d'une commission, à l'effet d'entendre et d'instruire leurs plaintes contre Geulincx. Après enquête dirigée par le « Recteur Magnifique », la commission donne gain de cause aux professeurs du Lys et déclare à l'unanimité qu'ils ont eu raison d'exclure Geulincx. |
| 1658 24 janv. | — Assemblée des délégués de l'Université : le Recteur lit une supplique de Geulincx, où il est dit que celui-ci a obtenu du Conseil de Brabant des lettres de maintenue et que l'on doit enjoindre à Damman de se conformer à l'ordre du Conseil. Damman est invité à rédiger une réponse. |
| 1658 11 fév. | — Geulincx est remplacé par le professeur Brabant comme examinateur à la licence. |
| 1658 5 mai. | — Geulincx est immatriculé « *honoris causa* » au nombre des étudiants de l'Académie de Leyde. |

1658  6 sept. — Il se présente aux examens de médecine.
1658 17 sept. — Il est reçu docteur en médecine, avec une thèse intitulée : « *Disputatio de Febribus* ».
1658 22 nov. — Mention est faite sur les registres municipaux de ses fiançailles avec Suzanne Strickers (de Weert).
1658  8 déc. — Célébration de son mariage.
1659 18 mars. — Le Sénat académique lui permet d'ouvrir un cours privé de philosophie.
1659 8 août. — Il demande à l'assemblée des Curateurs et des Consuls d'être autorisé à présider des discussions publiques. On fait droit à sa demande, à condition qu'il n'attaquera pas la philosophie d'Aristote et qu'il ne réclamera pas de rémunération à l'Université.
1660 7 août. — Il sollicite de la même assemblée l'autorisation de donner *gratis* quelques leçons publiques. Sa demande est rejetée et on lui retire même la faveur accordée l'année précédente.
1662 1er août. — Geulincx dédie aux Curateurs sa *Logica suis fundamentis restituta* éditée à Leyde (chez Henri Verbiest).
1662 21 août. — Le Collège des Curateurs le remercie et lui accorde un don de 70 florins. On lui donne une charge de lecteur de Logique, avec traitement annuel de 300 florins.
1662 14 oct. — Il inaugure son cours de logique par un discours d'ouverture (*Oratio secunda*).
1663 11-12 juil. — Discussions de Physique : (*Isagoges* partes I. et II.)
1663 31 août. — Geulincx dédie aux Curateurs sa *Methodus inveniendi Argumenta* éditée à Leyde (chez Isaac de Wael).
1663 4 sept. — Il reçoit en rémunération 60 florins.
1663 20 octob. — Discussions de Physique (*Isagoges* pars III).

1664 26 avril. — Disputatio Ethica *de Virtute et primis ejus proprietatibus.*

10 mai. — Disputatio philosophica. — *Responsio ad objectiones.*

18 octob. — Le traitement de Geulincx est augmenté et porté à 500 florins par an.

26 nov. — Discussions de Physique : (*Isagoges* pars IV.).

3 déc. — Disputatio Physica : *Hypotheses physicae.*

20 déc. — Disputatio Philosophica : *De Conario sensu.*

1665 4 janv. — Deuxième édition des *Saturnalia* ou *quaestiones quodlibeticae*, à Leyde (chez Henri Verbiest).

27 juillet. — Geulincx dédie aux Curateurs l'édition du 1er Traité de l'*Ethique* (à Leyde chez Philippe de Cro-Y).

28 août. — Il est remercié par un don de 30 florins ; il est nommé Professeur extraordinaire au collège des Ordres de Hollande et on lui concède le logement du sous-régent, qui est vacant.

9 nov. — Il prend possession de ses fonctions en prononçant un discours (*Oratio III*).

1666 3 avril. — Discussions métaphysiques : (*Isagoges* partes I. et II.).

octobre. — Deux discussions de physique : (*de Respiratione*).

1667 8 février. — Il demande et obtient d'enseigner l'Ethique. Son traitement est augmenté et porté à 700 florins.

1667 14 avril. — Geulincx dédie aux Curateurs la traduction en langue Belge du 1er traité de l'*Ethique* édité à Leyde (chez Philippe de Cro-Y).

1668 jan. à juin. — Disputationes ethicae *de Finibus Bonorum et Malorum* (1 à VII).

23 juin. — Disputatio logica *de Dialectica.*

| | |
|--|--|
| 10-24 nov. — | Disputationes ethicae de *Finibus Bonorum et Malorum* (VIII et IX). |
| 22 déc. — | Disputatio physica *de Mundo*. |
| 1669 janv.-mai. — | Discussions diverses de métaphysique (*Isagoges* pars III.) et de physique (*De Ventis-De aquis*). |
| 1ᵉʳ juin. — | On confie à Geulincx la direction des *Collegia oratoria*, le titulaire Georges Horn étant devenu fou. |
| juin. — | Discussion physique : *sur l'Etna et ses éruptions*. |
| 8 nov. — | Geulincx touche pour la dernière fois le trimestre de son traitement. |
| 20 nov. — | A la séance de rentrée de l'Université, Heydanus fait son éloge funèbre, ainsi que celui de ses quatre collègues, victimes de l'épidémie qui s'était abattue sur la ville. |
| 27 nov. — | Les Curateurs accordent à la veuve de Geulincx un secours annuel de cent florins « pour soutenir sa famille ». |
| 1670 6 janv. — | Le Sénat Académique vote une avance de fonds pour célébrer dignement les obsèques de la veuve de Geulincx. |

# APPENDICE II

## BIBLIOGRAPHIE

### I

Pour les œuvres de Geulincx nous renvoyons, comme M. Land lui-même, à la *Bibliographie* très complète et très détaillée de M. Vander Haeghen, (*op cit.* pp. 197-221).

Contentons-nous d'énumérer tout ce qui a paru sous son nom, avec la date des éditions successives :

*Quaestiones quodlibeticae (Saturnalia)*, 1653-1665-1669.
*Disputatio medica de febribus*, 1658.
*Logique*, 1662-1698.
*Methodus inveniendi argumenta*, 1663-1675.
*Disputatio ethica de Virtute et primis ejus proprietatibus*, 1665.
*Ethica* (1ᵉʳ Traité) 1665, (complète) 1675-1683-1691-1696-1709.
*Compendium physicae*, 1688.
*Physica vera*, 1688.
*Annotata praecurrentia ad Renati Cartesii principia*, 1690.
*Annotata majora in principia philosophiae Renati Descartes*, 1691.
*Metaphysica vera (et ad mentem peripateticam)*, 1691.
*Collegium Oratorium*, 1696.

La plupart de ces ouvrages et traités ont été réunis par M. Land, dans un recueil en trois volumes, sous ce titre : *Arnoldi Geulincx Antverpensis opera Philosophica ; Hagae Comitum, apud Martinum Nijhoff*, 1891-1893.

## II

Parmi les historiens de la philosophie qui ont parlé de Geulincx citons :

Bouillier, *Histoire de la philosophie cartésienne*, Paris, 1854, t. I.

Brucker, *Historia critica philosaphiae*, Leipzig, 1766, (t. IV et V).

Damiron, *Histoire de la philosophie cartésienne en France au XVIIe siècle*, Paris, 1846, t. II.

Erdmann, *Grundriss der Geschichte der Philosophie*, Berlin, 1886, Bd. II.

Kuno Fischer, *Geschichte der neuern Philosophie*, Heidelberg, 1865, Bd. I., 2. Th.

Franck, *Dictionnaire des Sciences philosophiques*, 2e ed., 1876, v° « Geulincx ».

Ritter, *Histoire de la Philosophie moderne*, trad. Challemel-Lacour, Paris 1861, t. I.

Tennemann, *Geschichte der Philosophie*, Leipzig, vol. X, pp. 303-313.

Parmi les autres auteurs nous citerons :

Ruardus Andala, (voir ses œuvres dans Vander Haeghen, *op. cit.* p. 187-192).

Berthold, *Leibniz und das Uhrengleichniss* Monastber. der Akad. der Wiss. Berlin, 1874.

Damiron, *Mémoire sur Geulincx*, (C.-rendus Acad. Sc. mor. et pol., Paris, 1884, t. VI, p. 96-114).

Eucken, *Leibniz und Geulincx*, Phil. Monatshefte, 1883, XIX.; 1884, XX.

Göpfert, *Geulincx' ethisches System*, Breslau, 1883.

Grimm, *A. Geulincx' Erkenntnisstheorie und Occasionnalismus*, Iéna, 1875.

Vander Haeghen, *Geulincx, étude sur sa vie, sa philosophie et ses ouvrages*, Gent, 1886.

Külb, *Geulincx (Ersch und Gruber Allgem. Encyclopädie)*, Leipzig, 1857.

Land, *Arnold Geulincx te Leyden (1658-1669)*, Amsterdam, 1886.

Land, *Arnold Geulincx und Gesammtausgabe seiner Werke* (Archiv. f. Gesch. der Ph. IV, 1890, p. 87-109).

Land, *Arnold Geulincx als Essayist*, de Gids, Aug. 1892.

Land, *Arnold Geulincx und seine Philosophie*, Haag, 1895.

Monchamp, *Histoire du Cartésianisme en Belgique*, Bruxelles, nov. 1886, chap. XII.

Paulinus, *Die Sittenlehre Geulincx' dargestellt... und beurtheilt in ihrem Verhältniss zu der Sittenlehre Spinozas*, Leipzig, 1893.

Pfleiderer, *A. Geulincx als Hauptvertreter der occasionalistischen Metaphysik und Ethik*, Tübingen, 1882.

Pfleiderer, *Leibniz und Geulincx*, Phil. Monatshefte, 1884, XX.

Pfleiderer, *Noch einmal Leibniz und Geulincx*. (Phil. Monatshefte, 1885, XXI).

Samtleben, *Geulincx ein Vorgänger Spinozas*, Halle, 1885.

Stein, *Zur Genesis des Occasionnalismus*, Archiv. für Gesch. der Phil. I, 1887.

Stein, *Antike und Mitteralterliche Vorläufer des Occasionnalismus* (ibid. II. 1889).

De Wulf, *Histoire de la Philosophie en Belgique*, Bruxelles-Paris 1910.

Zeller, *Geulincx (Deutsche Litteratur Zeitung von Rödiger)*, 1882.

Zeller, *Über die erste Ausgabe von Geulincx' Ethik und Leibniz Verhältniss zu Geulincx' Occasionnalismus*, (Sitzungber. der Akad. der Wissensch. zu Berlin), 1884.

Vu, le 13 Février 1912 :
*Le Doyen de la Faculté des Lettres de l'Université de Paris,*
A. CROISET.

Vu et permis d'imprimer :
*Le Vice-Recteur de l'Académie de Paris :*
L. LIARD.

# ERRATA

Page 2, ligne 15, note 1, *au lieu de* : Seine, *lire* : seine ;
— 2, — 2, — 2, — nis, *lire* : nisi ;
— 3, — 10, — eût, *lire* : eut ;
— 5, — 13, — nou, *lire* : nous ;
— 9, — 19, — Frank, *lire* : Franck ;
— 12, — 17, — béton, *lire* : béton ;
— 12, — 24, *au lieu de* : chauve-souris, *lire* : chauves-souris ;
— 16, — 19, — apparût, *lire* : apparut ;
— 28, — 5 note 5, *au lieu de* : unt, *lire* : sunt ;
— 30, *reporter* le renvoi (3), de la ligne 21, *après le mot* : « étendue » de la ligne 17 ;
— 38, ligne 13, *au lieu de* : efficienciae, *lire* : efficientiae ;
— 38, — 27, — ces, *lire* : ses ;
— 39, — 19, — retrécissement, *lire* : rétrécissement ;

Page 42, ligne 3, note 1, *au lieu de* : nous même, *lire* : nous-même ;
— 47, — 2, — 5, — lut, *lire* : ut ;
— 53, — 13, — affimer, *lire* : affirmer ;
— 56, — 23, — infini, *lire* : infinie ;
— 57, — 10, — spiritue, *lire* : spirituel ;
— 58, — 3, — 1, — a. *lire* : à ;
— 62, — 4, — 2, — entreprenons, *lire* : entreprenions ;

Page 87, ligne 5, *au lieu de* : lut-ce, *lire* : fût-ce ;
— 98, — 21, — ou, *lire* : on ;
— 121, — 3, note 1, *au lieu de* : a, *lire* : à ;
— 135, — 11, — utile, *lire* : honnête ;
— 187, — 11, — 1, — connait, *lire* : connaît ;
— 188, — 17, *après* : prop., *ajouter* : 18 ;
— 189, — 1, note 3, *au lieu de* : occasinnalisme, *lire* : occasionnalisme ;

Page 202, ligne 10, *en tête du titre, lire* : 2.

# TABLE DES MATIÈRES

|  | Pages |
|---|---|
| Introduction .................................................... | 1 |

### CHAPITRE I

**Les fondements métaphysiques de la morale de Geulincx**.. ............................................... 24

1. La Connaissance, p. 26. — 2. La toute-puissance de Dieu, p. 33. — 3. L'imperfection radicale du « Brutum », p. 63. — 4. L'impuissance et la servitude de l'homme, p. 69. — 5. La puissance de l'homme et la liberté, p. 80.

### CHAPITRE II

**La Morale ou la Vie selon la raison** ............... 90

1. La vertu et les vertus, p. 92. — 2. Les vertus particulières et leurs applications, p. 112. — 3. Les fins morales. La récompense de la vertu et les obstacles qu'elle rencontre, p. 128.

### CHAPITRE III

**Les ressemblances entre l'Ethique de Geulincx et les opinions de Descartes sur la Morale**............. 147

1. Le Cartésianisme de Geulincx, p. 148. — 2. La Morale de Descartes, p. 156. — 3. La solution de Geulincx, p. 172.

### CHAPITRE IV

**Des divergences entre les conceptions morales de Descartes et celles de Geulincx**.................... 183

1. Examen de l'Ethique de Geulincx par Ruardus Andala, p. 186. — 2. Les Passions chez Descartes et chez Geulincx. La générosité et l'humilité, p. 202.

| | |
|---|---|
| Conclusion....................................................... | 213 |
| Appendice I. — Résumé de la vie et de la carrière de Geulincx...................................................... | 216 |
| Appendice II. — Bibliographie.............................. | 222 |

---

Carcassonne — Imp. GABELLE, 6, rue Victor Hugo.

www.ingramcontent.com/pod-product-compliance
Lightning Source LLC
Chambersburg PA
CBHW071908160426
43198CB00011B/1214